AF280038

Sicher anlegen in Immobilienwerte

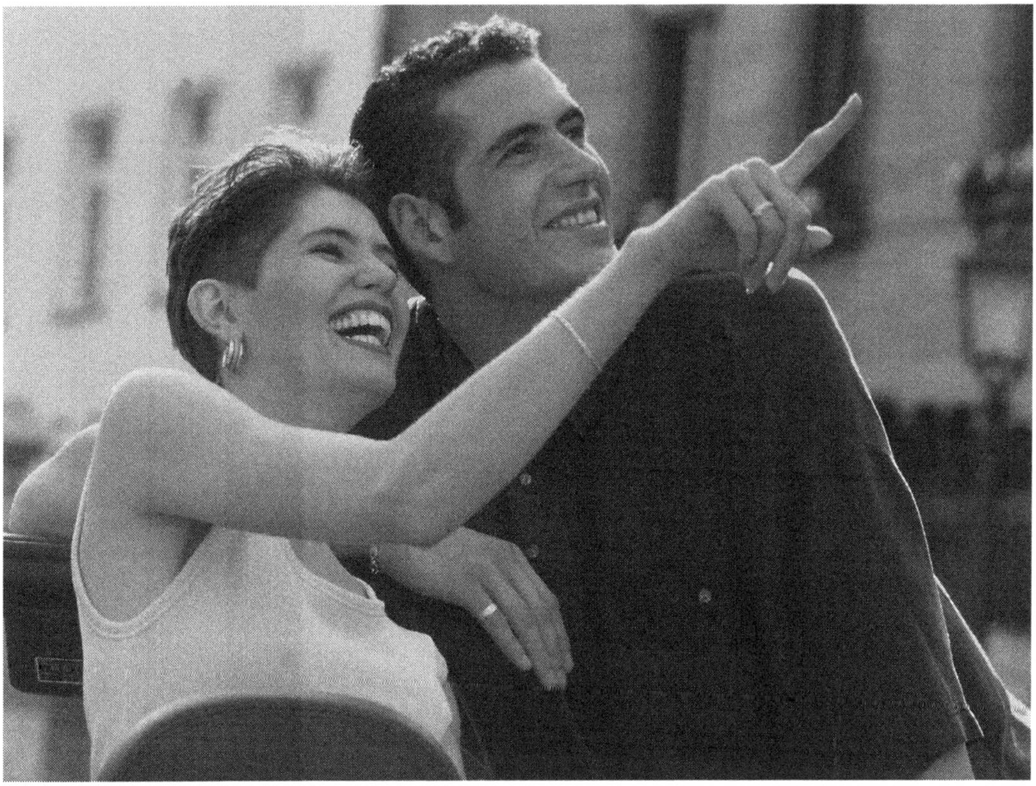

Horst Nosofsky

Inhaltsverzeichnis

Liebe Leserin, lieber Leser!

„Der Deutsche ist im Grunde seines Herzens ein Immobilienmensch“,
wurde einmal Lothar Späth zitiert, in dessen schwäbischer Heimat
bekanntlich das Häuslebauen hoch im Kurs steht.
Diese Feststellung gilt sicher für die meisten Kapitalanleger hierzulande.
Doch die Praxis sieht anders aus.
Lediglich ein Drittel aller Deutschen hat Wohneigentum oder ein vermietetes
Gebäude. Dabei äußert die große Mehrheit den Wunsch, Hausbesitzer zu werden.
Wie ist das zu erklären?
Meiner Erfahrung nach gibt es dafür zwei Gründe:

➜ Viele scheuen den vermeintlich riesigen finanziellen Aufwand im Glauben,
   man müsse sich in jedem Fall eine reale Immobilie zulegen.

➜ Wer Alternativen jenseits der vermieteten Eigentumswohnung sucht, kennt
   sich zu wenig aus und weiß nicht, was für ihn in Frage kommt.

Vielleicht ist es Ihnen auch so ergangen:
Sie bezeichnen sich zwar als konservativ, haben aber trotzdem mit Aktien
spekuliert und sind auf dem glatten Börsenparkett ausgerutscht. Nun lecken
Sie Ihre Wunden, wollen jedoch angesichts niedriger Zinsen auf keinen Fall
wieder zurück zum Sparbuch. Statt dessen suchen Sie eine Anlageform,
die zwischen diesen zwei Extremen angesiedelt ist?

Dann hoffe ich, daß Sie die Anregungen auf den folgenden Seiten nutzen
können, um schrittweise in wertbeständige und dabei gewinnbringende
Immobilienwerte zu investieren.

Dabei wünsche ich Ihnen
jede Menge Aha-Erlebnisse
und Gutes Gelingen!

Ihr
Horst Nosofsky

Träumen Sie davon, irgendwann einmal so richtig reich zu sein? Häuser und Grundstücke im Wert von vier- bis fünfstelligen Euro-Beträgen zu besitzen? Oder wollen Sie sich einfach nur mit soliden Sachwerten vor Inflation, Börsengewittern und Rentenkrise schützen? Möchten Sie Ihre finanzielle Zukunft überschaubar machen? Dann entwickeln Sie Ihre persönliche Erfolgsstrategie, um mit Sicherheit und konstanten Erträgen Ihr Immobilienvermögen aufzubauen.

Warum in Immobilien-werte investieren?

Mein Geld soll hart für mich
arbeiten und eine maximale
Rendite abwerfen. Mit Aktien
habe ich mir allerdings die
Finger verbrannt. Nun habe
ich gehört, daß Immobilien
auf lange Sicht sehr gut
abschneiden, vor allem nach
Steuern. Sachwerte bieten ja
auch Schutz vor der Inflation.
Aber wie ist das steuerlich?
Und für wie lange müßte ich
mich binden? Ertrag kombiniert
mit Sicherheit — das wäre für
mich genau das Richtige.

GRUNDSÄTZLICHE ÜBERLEGUNGEN

Jede Geldanlage soll möglichst:

→ einen hohen Ertrag bringen,
→ gegen Schwankungen und Verlust gefeit
  sein,
→ Flexibilität und Verfügbarkeit bieten,
→ vor der schleichenden Geldentwertung
  schützen,
→ im Rahmen der gesetzlichen
  Möglichkeiten Steuern sparen.

Nun kann leider keine Anlage der Welt
alle Kriterien gleichermaßen erfüllen,
auch nicht die in Immobilien. Wir müssen
uns also entscheiden, in welchem Ausmaß
wir auf die eine oder andere Komponente
Wert legen. Je nach privater wie beruf-
licher Lebenssituation, seelischer und
geistiger Verfassung sowie persönlicher
Anlageziele wird die Entscheidung
individuell verschieden ausfallen.

Das magische Fünfeck der Geldanlage

Ertrag

Hier geht es vor allem darum, eine realitätsnahe Erwartung aufzubauen. Da Ihr Geld stets in ein konkretes Marktsegment investiert wird, sollten Sie sich zweckmäßigerweise an dem dazugehörigen Index orientieren. Dieser gewichtete Durchschnitt eignet sich gut als Meßlatte – neudeutsch: Benchmark.

Risiko

Eine brauchbare Definition von Risiko ist die Wahrscheinlichkeit, daß die Wertentwicklung einer Anlage von der Erwartung des Investors abweicht. Zur Orientierung eignet sich wieder der Blick auf den Marktindex. Hier betrachtet man den Schwankungsverlauf in der Vergangenheit. Wie lange dauerten im Schnitt die Verlustphasen, wie stark war der maximale Einbruch in Prozent des vorherigen Höchstwertes, woran lag das? Was viele übersehen: Eine Schwankung kann auch positiv verlaufen. Insofern bedeutet Risiko ebenfalls die Chance, innerhalb des beabsichtigten Anlagezeitraums eine höhere Rendite zu erwirtschaften als erwartet.

Flexibilität

Innerhalb der vorgesehenen Anlagedauer kann es vorkommen, daß Sie sich von Ihrem Investment wieder trennen wollen. Dann müssen Sie einen Käufer finden und den Preis aushandeln: Sie möchten mit einem Plus abschneiden, der Käufer dagegen will ein Schnäppchen machen. Überlegen Sie deshalb vorher genau, wo Ihre Schmerzgrenze verläuft.

Inflation

Beim Vermögensaufbau möchten Sie einen bestimmten Endbetrag erreichen. Die entscheidende Frage ist, was Sie sich später dafür kaufen können. Nach etwa 20 Jahren hat sich die Kaufkraft halbiert, wenn Sie die Inflationsrate der vergangenen Jahrzehnte zugrunde legen. Als Ausgleich sollten Sie also das Doppelte des Betrages aufbauen, den Sie heute als Ihren späteren Kapitalbedarf ermittelt haben. Dazu müssen Sie regelmäßig Ihre Sparrate erhöhen oder gleich einen entsprechend größeren Einmalbetrag anlegen.

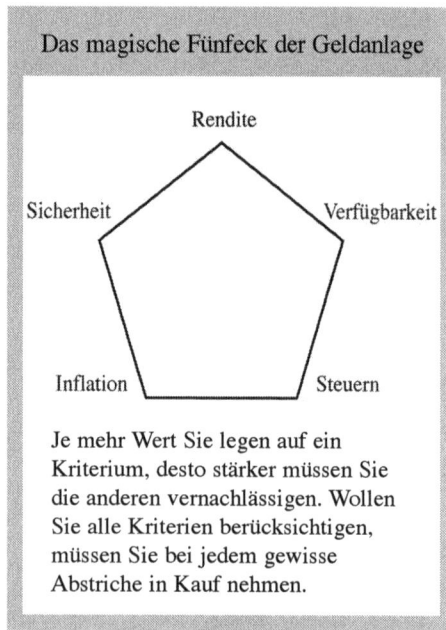

Das magische Fünfeck der Geldanlage

Je mehr Wert Sie legen auf ein Kriterium, desto stärker müssen Sie die anderen vernachlässigen. Wollen Sie alle Kriterien berücksichtigen, müssen Sie bei jedem gewisse Abstriche in Kauf nehmen.

w i c h t i g

Steuern auf die Erträge Ihrer Vermögenswerte

Je nach Art Ihrer Einkünfte können Sie verschiedene Freigrenzen, Freibeträge, Kosten und Aufwendungen geltend machen. Den jeweiligen Restbetrag müssen Sie versteuern.

Einnahmen aus Kapitalvermögen   **abzugsfähig sind:**

Zinsen . . . . Sparerfreibetrag pro Jahr = 1.601 Euro

Dividenden . . . . Freibetrag =   50 % (Halbeinkünfteverfahren)

Kursgewinne . . . . Freigrenze pro Jahr = 512 Euro beim Verkauf
                                           innerhalb eines Jahres
                                    Freibetrag =   100 % beim Verkauf nach einem Jahr

Einnahmen aus Vermietung und Verpachtung   **abzugsfähig sind:**

Mieteinnahmen . . . . Werbungskosten (Hausverwaltung,
                                      Hypothekenzinsen, Abschreibung usw.)

Veräußerungsgewinn . . . . Freibetrag =   0 % beim Verkauf innerhalb von 10 J.
. . . . Freibetrag =   100 % beim Verkauf nach zehn Jahren

Einnahmen aus Gewerblicher Tätigkeit   **abzugsfähig sind:**

Gewinne . . . . Betriebskosten (Büromaterial, Gehälter, Miete und
                                      Nebenkosten, Werbung, Telefon, Abschreibungen usw.)

Steuern

Je nach Art Ihrer Geldanlage können Sie Einkünfte aus Kapitalvermögen, aus gewerblicher Tätigkeit oder aus Vermietung und Verpachtung erzielen. Diese müssen Sie Ihren normalen Einnahmen hinzu rechnen, so daß sie relativ hoch besteuert werden. Dadurch schmälert sich unter dem Strich die Rendite Ihrer Kapitalanlagen. Informieren Sie sich deshalb vorher genau, was auf Sie zu kommt.

Verwendungszweck, Risikoprofil, Erfahrungsstand

Nehmen wir an, Sie hätten sich frisch verliebt. Nicht in einen Menschen, sondern in eine Immobilie. „Mein Traumhaus", sagen Sie dann vielleicht, wenn Sie den schicken Hochglanzprospekt Ihren Freunden und Kollegen zeigen, in dem das Objekt Ihrer Begierde mit sämtlichen Vorzügen angepriesen wird.

Sie selbst sind so begeistert, daß Sie auch den letzten Zweifler überzeugt haben. Die einhellige Meinung lautet: „Wer jetzt nicht zuschlägt, hat selber Schuld!" Aber dann kommen Sie nach Hause, und Ihr Lebenspartner fragt Sie: „Bist Du verrückt geworden? Weshalb willst Du uns einen solchen Klotz ans Bein binden?"

Wenn Sie in dieser Lage versuchen, mit objektiven Kriterien zu überzeugen, können Sie eine interessante Erfahrung machen: Ihr Gegenüber stimmt Ihnen sachlich zu, lehnt die vorgeschlagene Investition aber weiter ab. Trotz Ihres vielleicht aufkeimenden Zorns lohnt es sich, den Vorbehalten Ihres Partners auf den Grund zu gehen, so irrational sie Ihnen im Moment auch erscheinen mögen. Sie werden feststellen, daß es dabei oft um Fragen geht, die Sie bisher im Eifer des Gefechtes übersehen hatten: Was bedeutet diese Entscheidung für den eigenen Lebensentwurf? Welche Möglichkeiten werden dadurch eröffnet oder verwehrt? Auf welche Art fördert oder bedroht sie unsere Beziehung? Die objektiven Kriterien sind also wichtig, sollten jedoch niemals allein den Ausschlag geben. Wichtiger sind die subjektiven Maßstäbe, denn der persönliche Anlageerfolg umfasst viel mehr als die bloße Rendite. Um Ihre eigenen, subjektiven Maßstäbe herauszufinden, sollten Sie sich den folgenden Fragen ernsthaft widmen. Denn deren gewissenhafte Beantwortung ist die Grundvoraussetzung dafür, daß Sie

 **c h e c k l i s t e**

Subjektive Kriterien der Anlageentscheidung

Prüfen Sie, bevor Sie sich für eine bestimmte Form der Geldanlage entscheiden:

✔ Was will ich konkret erreichen?
✔ Was brauche ich?
✔ Wovor habe ich Angst?
✔ Was läßt mich unvorsichtig werden?
✔ Was kenne ich, woran kann ich mich orientieren?
✔ Wie kann ich Trends erkennen und daraus Perspektiven ableiten?
✔ Was paßt zu mir?

eine Anlage finden, die auch wirklich zu Ihnen (beiden) paßt. Nehmen Sie sich ausreichend Zeit, jede Frage umfassend zu beantworten:

Was will ich konkret erreichen ?
Ihr persönlicher Verwendungszweck gibt die Richtung vor: Wollen Sie Rücklagen bilden für das Studium Ihrer Kinder? Für Ihre Rente vorsorgen? Vielleicht möchten Sie auch eine größere Summe in Immobilienwerten anlegen und von deren Erträgen Ihr Einkommen aufbessern.

Was brauche ich ?
Was kommt auf Sie zu? Wovor müssen Sie sich schützen? Wie paßt die neue Investition zu Ihrer bisherigen Lebensplanung?

Wovor habe ich Angst, was läßt mich unvorsichtig werden ?

Können Sie es emotional verkraften, wenn die Wertentwicklung Ihrer Anlage eine Zeit lang negativ verläuft? Wie gehen Sie damit um, falls sich Ihre Anlage als Flop erweist? Werden Sie leicht schwach bei der Aussicht auf schnelles Geld?

Was kenne ich, woran kann ich mich orientieren ?

Mit welchen Anlagen haben Sie bereits Erfahrung, welche kennen Sie noch nicht? Was können Sie von der neuen Anlage erwarten, verglichen mit Ihren bisherigen Investitionen?

Kann man von der Vergangenheit auf die Zukunft schließen?

Auf der Suche nach dem besten Investment konzentrieren sich die meisten Anleger auf dessen Wertentwicklung in der Vergangenheit. Seriöse Anbieter, die nichts zu verbergen haben, stellen auch bereitwillig Kennzahlen, Leistungsbilanzen usw. zur Verfügung. Aber reicht das aus? Was ist z. B. von einem Angebot zu halten, in dem es heißt: „Wir haben in den vergangenen zehn Jahren eine Rendite von 13 % erzielt!"? Nun, wenig bis gar nichts, denn worauf bezieht sich diese Prozent-Angabe? Etwa auf die gesamten zehn Jahre? In diesem Fall wäre zwar mein Ausgangskapital von 100 % auf 113 % gewachsen, aber wie steht es mit der Kaufkraft?

Diese läge aufgrund der allgemeinen Teuerung nur noch bei etwa 80 %. Mein Kapital wäre zwar nominal gewachsen, hätte sich aber von der Kaufkraft her um ca. ein Fünftel reduziert. Nein, seriöserweise hätte es heißen müssen: „Unsere Rendite betrug im Durchschnitt so und so viel Prozent pro Jahr!"

Nehmen wir an, das wären tatsächlich 13 % pro Jahr gewesen. Und wie steht es mit dem Risiko, mit dem dieser Ertrag erwirtschaftet worden ist? Handelt es sich wirklich um echtes Können oder hat das Management nur Glück gehabt beim wilden Spekulieren mit Ihrem Geld? Und was wäre, wenn vergleichbare Anlagen, die also in dieselben Märkte investiert haben, im gleichen Zeitraum 18 % pro Jahr erbrachten?

Sie sehen: Allein die Betrachtung der Rendite hilft nicht weiter. Vorsicht ist auch geboten, wenn Zeiträume angeführt werden, die wenig aussagekräftig sind. So heißt es z. B. „Die besten Aktienfonds des letzten Jahres". Da man aber zur Beurteilung von Aktien langfristige Durchschnittswerte heranziehen muß, ist der Blick auf die Spitzenreiter der zurückliegenden zwölf Monate unsinnig, wenn nicht sogar gefährlich. Denn eine Anlage, die im vergangenen Jahr ein Plus von 20 % erzielte, aber langfristig nur 10 % pro Jahr, wird sehr wahrscheinlich im nächsten Jahr ein Minus machen, damit der langfristige Trend stimmt.

Alte Hasen gehen den umgekehrten Weg und setzten auf bewährte Anlagen, die im vergangenen Jahr zu den Schlußlichtern gehörten. Denn sie haben die umgekehrte Erwartung: Daß nämlich eine Anlage, die im letzten Jahr 20 % minus erbrachte, langfristig aber um 10 % pro Jahr wuchs, in der nächsten Zeit überproportional steigen wird, um wieder ihren Durchschnitt zu erreichen. Das klingt einleuchtend und hat sich in der Praxis auch bewährt. Doch eine Garantie für eine derartige Wertentwicklung oder gar eine Gesetzmäßigkeit gibt es natürlich angesichts der Kursschwankungen an den Börsen nicht.

Wie kann ich Trends erkennen und daraus Perspektiven ableiten ?
Sie merken sicher, daß der Blick in die Vergangenheit nur bedingt Hinweise zur Beantwortung der alles entscheidenden Frage liefern kann: „Wie wird es in der Zukunft laufen ?"

Anlagemöglichkeiten gibt es wie Sand am Meer - auf die richtige Auswahl kommt es an.

Untersuchungen haben ergeben, daß für den künftigen Anlageerfolg weniger die Auswahl einzelner Wertpapiere ausschlaggebend ist, sondern vielmehr die Wahl des richtigen Marktes. Wenn z. B. die Prognose stimmt, daß Europa die Region mit dem stärksten Wachstum weltweit sein wird, dann wird man in dieser Region auch die höchste Trefferquote erzielen. Umgekehrt ist es mit einem Einzelinvestment in einem sinkenden Markt äußerst schwierig, sich einem negativen Trend zu entziehen.

Erfahrene Anleger stellen sich zunächst die Frage: Wo sind die großen Zukunftstrends? Und erst danach wählen sie diejenigen Anlagen aus, die wahrscheinlich am stärksten von diesen Trends profitieren werden. Wenn z. B. auf dem Immobilienmarkt zu wenig Büroraum gebaut worden ist, die Nachfrage aber wächst, werden die Mieten aller Voraussicht nach eher sinken oder eher steigen?

Auch die Stimmung der vielen anderen Marktteilnehmer, deren kollektive Erwartungen und Ängste gegenüber den gängigen Anlageformen, können einen Trend begründen. Wenn z. B. die Kurse von Industrieaktien und Hightech-Werten seit Jahren fallen und die Zinsen für Anleihen seit Jahren im Keller sind, ist es dann nicht sehr wahrscheinlich, daß Anleger vermehrt auf andere Investments umsteigen? Das könnte die Immobilienaktien beflügeln.

*In jungen Jahren gilt es, auch
finanzielle Etappenziele zu bestimmen.*

Oder nehmen wir den Trend zur Über-
alterung der westlichen Gesellschaften.
Immer mehr ältere Menschen benötigen
immer mehr seniorengerechte
Wohnungen. Und diese benötigen sie
immer länger, da sie auch länger leben
werden als ihre Vorfahren. Weiter muß die
wachsende Zahl von Senioren untergebracht und gepflegt werden. Dieser Trend
läßt sich auch nicht stoppen, denn die
Senioren von morgen sind ja heute bereits
vorhanden. Also was meinen Sie, werden
in Zukunft eher mehr Seniorenheime
gebaut oder eher weniger?

Geldanlage und individuelle
Lebenssituation

Früher verlief das Leben der meisten
Menschen wie bei der Eisenbahn. Auf
wohlgeordneten Gleisen und über exakt

funktionierende Weichen konnte man einigermaßen zuverlässig seinen Zielbahnhof
erreichen. Heute ist das anders: Wir sind
viel stärker als früher gefordert, unseren
Lebensweg selbst zu planen. Folglich tun
wir gut daran, unseren momentanen
Standort zu bestimmen und die nächsten
Etappenziele festzulegen, die wir ansteu-
ern wollen – das gilt für die privaten und
beruflichen Vorhaben ebenso wie für die
finanziellen Ziele.

Wohin die Reise geht, hängt von der individuellen Lebenssituation ab: Dem privaten Status, der beruflichen Lage, den
finanziellen Gegebenheiten. Was kann das
für Sie bedeuten?

→ In jungen Jahren stehen Sie oft vor der
Entscheidung, beruflich durchzustarten
oder sich an den Partner Ihrer Träume zu
binden und mit ihm eine Familie aufzubauen. In dieser Phase ist Geld in der
Regel knapp. Ein Vermögen ist noch nicht
vorhanden, soll aber systematisch aufgebaut werden.
→ Als Single oder als berufstätiges kinder-
loses Paar kommen Sie wahrscheinlich
gut mit Ihrem Geld aus, ärgern sich aber
bald über Ihre hohe Steuerlast.
→ Als alleinverdienendes Familienober-
haupt können Sie finanziell noch keine
großen Sprünge machen. Doch meist
reicht das Einkommen aus, um Kapital in
verschiedene Anlageformen investieren
und schrittweise ansammeln zu können,
z. B. für die Berufsausbildung oder das
Studium Ihrer Kinder.

Was wurde aus 10.000 Euro über 20 Jahre

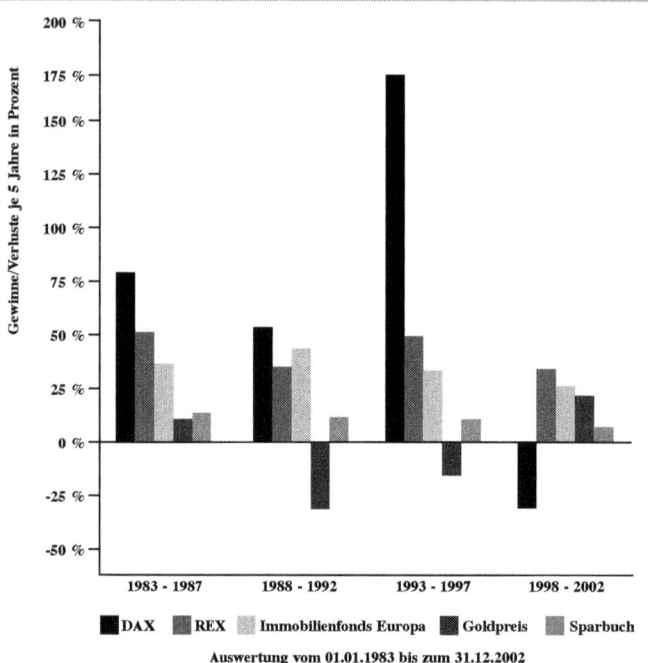

Bezeichnung	Ergebnis	Rendite p.a.
DAX (Deutscher Aktienindex)	523,30 %	8,63 %
REX (Deutscher Rentenindex)	415,52 %	7,38 %
Immobilienfonds Europa (Durchschnitt)	329,28 %	6,14 %
Goldpreis	75,72 %	1,38 %
Sparbuch (gesetzl. Kündigung)	152,95 %	2,15 %

Die jeweilige Wertentwicklung wurde mit ganz unterschiedlichen Schwankungen erzielt, was Sie an den verschieden langen Balken sehen können, die manchmal auch ins Negative verlaufen sind. Dabei gilt die Regel: Je höher die Rendite, desto höher auch die Ausschläge. Mit europäischen Immobilienfonds konnten Sie in allen 5-Jahres-Perioden ein positives Ergebnis erzielen und dabei Ihre Nerven schonen.

→ Sind Ihre Sprößlinge dann aus dem Gröbsten heraus, fangen Sie als Mutter wieder an zu arbeiten. Nicht zuletzt deswegen, weil Sie beginnen, sich um Ihre Rente zu sorgen und Ihnen klar wird, daß Sie etwas für Ihre Absicherung im Alter unternehmen müssen.

Egal in welcher Lebensphase Sie sich momentan auch befinden, gegen die beruflichen und privaten Wechselfälle Ihres Lebensweges sind Sie am sichersten geschützt, indem Sie sich ein ausreichendes finanzielles Polster zulegen.

Dabei kommen Sie an Immobilienwerten kaum vorbei, denn diese zählen langfristig zu den renditestärksten Investments. Von vielen Anlegern über Jahre hinweg als langweilig verschmäht, werden sie bei unsteten Aktienbörsen zunehmend als lukrative, wertbeständige Alternative geschätzt. Dabei ist es längst nicht mehr notwendig, eine Eigentumswohnung oder gar ein komplettes Haus zu erwerben und dafür geeignete Mieter zu suchen. Mittlerweile haben sich auch andere Möglichkeiten etabliert, bequem in Immobilienwerte zu investieren.

Welche Formen der Immobilienanlage im Rahmen des Vermögensaufbaus für Sie geeignet sind, entscheiden Sie am besten aus Ihrer konkreten Lebenssituation heraus. Also auf Grund Ihrer ganz persönlichen Erfahrungen, Wünsche, Ziele und finanziellen Möglichkeiten. Dieses Buch soll Ihnen hierfür Informationen und Tipps geben.

Berufsanfänger und junge Familien – Vermögen aufbauen

Sind Sie Mitte 20 und möchten spätestens mit Mitte 30 in den eigenen vier Wänden wohnen? Dann beginnen Sie jetzt damit, möglichst viel Eigenkapital anzusammeln, weil Sie dann später beim Kauf Ihrer Immobilie das Darlehen der Bank entsprechend kleiner halten können. Auf diese Weise senken Sie Ihre monatliche Rate für Zins und Tilgung.

Überlegen Sie zunächst, wie viel Sie von Ihren laufenden Einkünften ab sofort regelmäßig investieren wollen. Nutzen Sie dabei die staatlichen Zuschüsse, die Ihnen aufgrund Ihres noch relativ niedrigen Einkommens zustehen. Und fragen Sie Ihren Arbeitgeber, wie viel er von Ihren Sparbeiträgen übernimmt.

Mit immobiliennahen Investments können Sie in dieser Lebensphase günstig Eigenkapital für den Erwerb einer Immobilie aufbauen, egal ob Sie später einmal selbst einziehen oder ob Sie vermieten (siehe Seite 25/26).

Wohin die Reise geht, hängt ab von Ihrer persönlichen Lebensphase.

Gut Verdienende und Erben – Vermögen strukturieren

Sind Sie gut verdienender Single, ziehen als erfolgreicher Freiberufler einen lukrativen Auftrag nach dem anderen an Land oder haben gerade eine größere Summe geerbt?
Dann stehen Sie nicht vor der Frage: „Wie komme ich an Geld ?" sondern müssen entscheiden: „Wohin mit dem Geld?" Für Sie geht es darum, das bis dato erzielte Vermögen optimal zu strukturieren, um z. B. folgende Ziele zu erreichen:

→ Mit dem Ertrag des Vermögens gut über die Runden kommen und sich den schönen Dingen des Lebens widmen.
→ Später finanziell wohlversorgt in den Ruhestand treten.
→ In Immobilienwerte investieren und trotzdem ungebunden bleiben.
→ Dem Finanzamt ein legales Schnippchen schlagen.

Mit geeigneten Immobilieninvestments können Sie Ihren Zielen erheblich näher kommen.

Im reiferen Alter – Sicherheit mit Rendite kombinieren

Endlich können Sie sich eine Verschnaufpause gönnen: Die Kinder sind erwachsen, haben vielleicht schon eine eigene Familie, und es fallen viele Ausgaben weg, die für Sie als Vater oder Mutter bis dahin selbstverständlich waren.

Kurzum: Ihnen bleibt Geld übrig. In dieser Lebenssituation können Sie daran gehen, den Aspekt der Sicherheit aus dem absoluten Zentrum Ihrer Anlageentscheidungen zu rücken und einem zweiten Aspekt mehr Gewicht bei zu messen: der Rendite.

Im Klartext heißt das: Sie haben nun den finanziellen Background, zusätzlich zu Ihrem Haus eine Eigentumswohnung zu kaufen, sie zu vermieten, damit eine ordentliche Rendite zu erzielen und mit den Einnahmen später Ihre Rente aufzubessern.

Immobilieninvestitionen müssen maßgeschneidert sein

Wichtig ist, daß die neu hinzukommende Investition in Ihre private, berufliche und finanzielle Lebenssituation auch vom Gefühl her „paßt" und sich sinnvoll in bereits vorhandene Geldanlagen einordnet. In diesen drückt sich ja Ihr bisheriges Anlegerprofil aus und Sie sollten es, wenn überhaupt, nur schrittweise verändern.

Vor- und Nachteile verschiedener Investments

	Geldwerte	Sachwerte	Substanzwerte
Beispiele	Bankguthaben Bausparen Lebensversicherung Schatzbriefe Rentenfonds	Immobilien - selbstgenutzt - vermietet Immobilienanteile Immobilienfonds	Aktien gewerbliche Beteiligungen Wagniskapital Aktienfonds
Rechtsstellung	Gläubiger	Eigentümer	Mitunternehmer
Verfügbarkeit	hoch	gering	eingeschränkt
Zeithorizont	kurz-/mittel-/langfristig	langfristig	mittel-/langfristig
Laufende Erträge	Zinsen	Mieterträge	Dividenden
Steuervorteile	Sparer-Freibetrag	Abschreibungen	Kursgewinne
Inflationsschutz	entfällt	Wertzuwachs	entfällt
Rendite pro Jahr	2 - 6 %	6 - 9 %	0 - 12 %
davon steuerpflichtig	100 %	ca. 70 %	ca. 25 %
Verwendungszweck	Liquiditätsreserve	Inflationsschutz	Kapitalaufbau
Hauptvorteil:	Verfügbarkeit	Sicherheit	Ertrag
Hauptnachteil:	geringer Ertrag, steuerpflichtig	eingeschränkte Verfügbarkeit	schwankende Entwicklung

Denn auch die eigenen Erwartungen, Ziele und Gefühle bezüglich Ihrer Geldanlage ändern sich nicht über Nacht. Im Kopf können Sie bereits ein großer Immobilienstratege sein, im Bauch sind Sie es deswegen noch lange nicht. Erst müssen Sie konkrete Erfahrungen mit der neuen Anlageform sammeln. Dann müssen Sie diese verdauen, unbrauchbare ausscheiden, brauchbare in die eigene Weiterentwicklung integrieren. Dadurch kristallisieren Sie Ihre Ziele immer deutlicher heraus und werden in Ihren Entscheidungen immer treffsicherer.

Verstand und Gefühl sollten sich ergänzen zu einem vollständigen Puzzle.

Hören Sie auf den „Bauch"

Womit fühlen Sie sich wohl, was läßt Sie ruhig schlafen? Sobald Sie Ihre subjektiven „weichen" Maßstäbe anlegen, prüfen Sie nicht, wie bei den objektiven „harten" Kriterien, mit dem Verstand, sondern mit Ihrem Gefühl. Aus dem objektiven „gut" oder „schlecht" wird das subjektive „gut für mich" bzw. „schlecht für mich". Objektiv gut wäre eine Anlage, wenn sie sich wirtschaftlich rechnet und ihre Risiken begrenzt sind. Gut für Sie persönlich ist sie aber erst, wenn emotional nichts dagegen spricht. Meldet sich Ihre innere Stimme warnend, dann hören Sie auf das, was sie Ihnen sagen will. Denn mitunter erweist sich dies im Nachhinein als hellsichtige Wahrnehmung eines verdeckten Nachteils, der sich anfangs dem rationalen Zugriff entzog. Lassen Sie also im Zweifelsfall ruhig die vermeintlich günstige Gelegenheit sausen, zu der Ihr Bauch „Nein!" sagt. Und wenn das nächste Angebot winkt, schlagen Sie nur dann zu, wenn Sie aus vollem Herzen „Ja!" sagen können.

Nachdem Sie sich über Ihre objektiven und subjektiven Kriterien klar geworden sind, können Sie entscheiden, welche Art der Kapitalanlage für Sie persönlich geeignet ist. Dabei kann sich auch zeigen, daß Aktien oder Anleihen im konkreten Fall die bessere Alternative darstellen.

Bei der Wahl der richtigen Anlageform gibt es im Grunde nur zwei Möglichkeiten: Entweder Sie leihen Ihr Geld aus oder Sie lassen es direkt für sich arbeiten. Im ersten Fall stellen Sie Ihr Kapital einem Dritten zur Verfügung, der Ihnen die Rückzahlung nach Ablauf einer vereinbarten Frist verspricht. Dafür erhalten Sie eine Leihgebühr, die Zinsen.

Im zweiten Fall stecken Sie Ihr Geld in Unternehmen oder in Immobilien. Sie werden Anteilseigner bzw. Besitzer und nehmen am wirtschaftlichen Erfolg oder Mißerfolg der Firma bzw. der Immobilie teil. Als Ausgleich für Ihr Risiko winken Steuervorteile und die Wertsteigerung Ihres Investments.

Beim Investieren in Immobilien geht es, wie bei jeder anderen Geldanlage auch, im Grunde immer nur um zwei Themen: Vermögen aufbauen und Risiken absichern. Die Quelle für beides ist zumeist das laufende Einkommen. Damit Ihr Einkommen fließt, müssen Sie die eigene Arbeitskraft erhalten und pflegen. Jeder Vermögensaufbau sollte daher damit beginnen, den möglichen Ausfall der eigenen Arbeitskraft finanziell abzusichern. Besonders für diejenigen ohne Anspruch auf Lohnfortzahlung mit anschließendem Krankengeld sollte eine finanzielle Reserve in Höhe von drei bis sechs Netto-Monatseinkommen an erster Stelle stehen. Zirka 5.000 bis 10.000 Euro sollten ständig verfügbar gehalten werden zum Beispiel auf Tagesgeldkonten. Gleichzeitig sollten Sie mögliche Einkommensverluste bei Krankheit, Unfall oder Erwerbsunfähigkeit und Ihre Familie für den Fall Ihres Todes absichern. Wenn diese Basisabsicherung steht, quasi das Fundament Ihres finanziellen Hauses, kann weiter aufgestockt werden. Sichere Anlagen mit verläßlicher Rendite wie z. B. Festgeld, Bausparen, festverzinsliche Wertpapiere, die Kapitallebens-

versicherung, Offene Immobilienfonds und die vermietete Eigentumswohnung sind hierzu passende Produkte. Erst danach sollten Sie renditeträchtigere Anlageformen wählen, die in der Regel mit mehr Risiko behaftet sind, also stärkeren Schwankungen unterliegen und für die Sie deshalb einen langfristigen Zeithorizont benötigen. Hierher gehören beispielsweise Immobilienaktien und die Geschlossenen Immobilienfonds (siehe Seite 71 f.). Vielfach wird als Sinnbild für den richtigen Vermögensaufbau statt des einfachen Hauses die Form der Pyramide gewählt. Ein Bauwerk also, das nicht umstürzen kann, wie schon die alten Ägypter vor Jahrtausenden erkannten. Die Felsblöcke dafür, also die einzelnen Investments, die sich im Wesentlichen auf unsere drei Anlageformen zurückführen lassen, sind stets mit charakteristischen Chancen und Risiken, Vor- und Nachteilen ausgestattet:

→ Eine Aktie ist ein Risikopapier, bietet aber auch hohe Renditechancen.
→ Ein Bundesschatzbrief ist zwar sicher, kann aber nicht mit Steuervorteilen aufwarten.
→ Eine gute Immobilie bietet als Sachwert zwar Schutz vor Inflation, erbringt ihre Rendite aber nur langfristig.

Diese unterschiedlichen Merkmale legen den Rahmen dessen fest, was sich von den drei Anlageformen grundsätzlich erwarten läßt und was nicht. So können Sie bereits im Vorfeld Ihrer jeweiligen Entscheidung erkennen, ob besser Anleihen, Aktien oder Immobilien in Frage kommen.

Die Vermögens-Pyramide

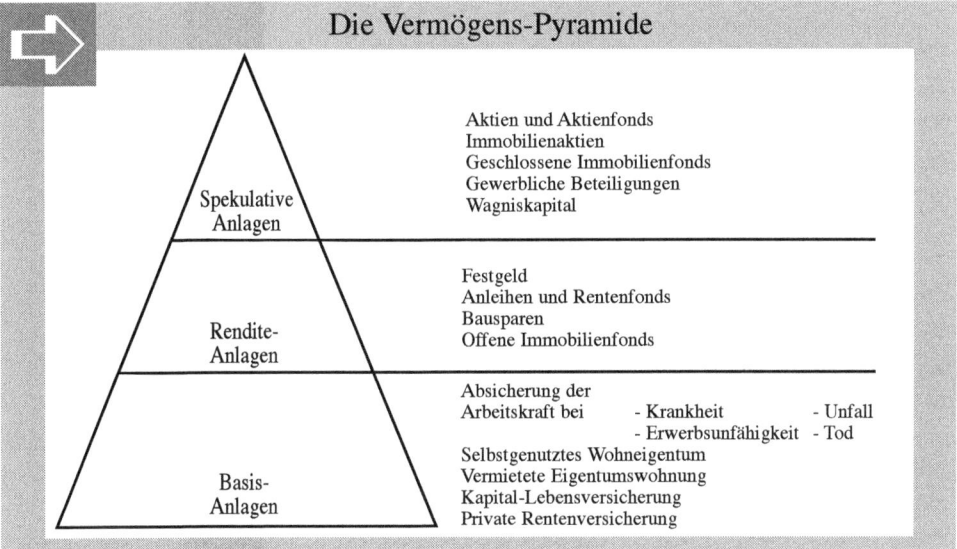

Spekulative Anlagen	Aktien und Aktienfonds Immobilienaktien Geschlossene Immobilienfonds Gewerbliche Beteiligungen Wagniskapital
Rendite-Anlagen	Festgeld Anleihen und Rentenfonds Bausparen Offene Immobilienfonds
Basis-Anlagen	Absicherung der Arbeitskraft bei - Krankheit - Unfall - Erwerbsunfähigkeit - Tod Selbstgenutztes Wohneigentum Vermietete Eigentumswohnung Kapital-Lebensversicherung Private Rentenversicherung

Um dafür zu sorgen, daß Ihre persönliche Vermögenspyramide allen Stürmen und Erschütterungen trotzt, sollten Sie die verschiedenen Bausteine nach Ihren individuellen Vorgaben zusammensetzen. Arbeiten Sie sich am besten allmählich von der Basis der Pyramide über die Mitte bis an die Spitze vor. Beachten Sie dabei die Flächenanteile: Basisanlagen sollten etwa die Hälfte, Renditeanlagen etwa ein Drittel, spekulative Anlagen etwa ein Sechstel ausmachen

Standfestigkeit erzielen Sie vor allem mit langfristig wertbeständigen Investments. Unter diesem Gesichtspunkt sollten Sie das oft gegen Immobilien ins Feld geführte Argument der Unbeweglichkeit einer genauen Prüfung unterziehen. Um Aktien, Anleihen oder Anteile an Investmentfonds wieder zu verkaufen, brauchen Sie in der Regel nur einen Tag.

Möchten Sie eine Immobilie veräußern, müssen Sie sich mit der Marktsituation befassen, Anzeigen aufgeben, Besichtigungen mit Interessenten durchführen und schließlich mit dem Käufer einen Kaufvertrag beim Notar aufsetzen lassen. Das dauert im Normalfall einige Wochen, manchmal aber auch Monate oder sogar Jahre. Außerdem: Kursgewinne bei Aktienfonds sind bereits nach einem Jahr steuerfrei, bei Immobilien müssen Sie zehnmal so lange warten.

Doch was anfangs oft wie der große Nachteil der Immobilie aussieht, ist in Wahrheit ein nicht zu unterschätzender Vorzug. Wenn Sie heute einen Neubau erwerben und gleich morgen wieder verkaufen, bekommen Sie im Regelfall nur den Betrag, den Sie für das Gebäude und das Grundstück entrichtet haben, also etwa 80 % des Kaufpreises.

Sie selbst haben jedoch inklusive Grunderwerbsteuer, Notar und Makler etwa 110 % ausgegeben. So viel wird Ihre Immobilie frühestens nach zehn Jahren erbringen, wenn alles gut geht.

Zwischendurch kann der Wert Ihres Objektes beträchtlich schwanken, denn wie auf allen Märkten wechseln sich auch bei Immobilien Überangebot und Knappheit zyklisch miteinander ab. Würden wie bei Aktien die Informationen über diese Wertschwankungen tagtäglich in den Medien veröffentlicht, gäbe es sicher mehr Immobilienbesitzer, die ebenso wie die meisten Börsianer bei fallenden Preisen in Panik gerieten. Doch bei Immobilien können Sie nicht mit einem einzigen Telefonat Ihr Engagement auflösen. Da zwischen aktueller Panikattacke und tatsächlichem Verkauf oft Monate vergehen, haben Sie viel Zeit, um sich wieder zu beruhigen.

Weil gute Immobilien langfristig stets im Wert gestiegen sind, eignen sie sich am besten für eine „Buy-and-Hold"-Strategie, wie sie seit jeher für die Aktienanlage empfohlen wird. Doch obwohl Aktien langfristig zu den renditestärksten Investments zählen, gibt es kaum Börsianer, die ihre Papiere kaufen und dann über Jahre liegen lassen. Die hohe Vergangenheitsrendite vieler Aktien kann also keineswegs gleichgesetzt werden mit dem Ertrag, den der einzelne Aktienbesitzer mit seinem Depot erzielt hat.

Im Gegenteil: Eine Studie des amerikanischen Wirtschaftsinstituts DALBAR für den Zeitraum 1984 bis 1995 erbrachte erschütternde Ergebnisse. Besitzer von Aktienfonds wurden mit Inhabern von Anleihen verglichen und beide der Kursentwicklung der 500 größten US-Aktiengesellschaften gegenübergestellt, ausgedrückt im Standard-and-Poor's-500-Index (S&P 500).

Ergebnis: Der tatsächlich erzielte Erfolg der Aktienfondsbesitzer lag unter dem von Anleiheninhabern und betrug nur einen Bruchteil von dem des S&P 500. Verantwortlich dafür war deren Neigung, immer mal wieder das eigene Depot umzuschichten. Dabei hätte der normale Fondsanleger nur einen entsprechenden Indexfonds kaufen müssen und damit ein mehr als dreimal so hohes Endguthaben erzielen können. Es ist also eine ganze Menge dran an der alten Weisheit: „Hin und Her macht Taschen leer!"

Zu Anlageformen, die ihren Charme nur in Jahrzehnten voll entfalten, passen eben am besten die Investoren, die genügend Disziplin aufbringen können. Wenn Sie zu diesen gehören, kann Sie eine Immobilienanlage beim Vermögensaufbau wirkungsvoll unterstützen und am Ende reichlich belohnen.

Ich arbeite gern und komme
beruflich gut voran. Bald gehe
ich für meine Firma ins Ausland.
Und später? Wer weiß, wo und wann
ich mich häuslich niederlasse.
Doch davon will ich mich bei
meiner Geldanlage nicht abhängig
machen. Aber ich möchte trotzdem
heute schon in Immobilien
investieren. Mit den Mieteinnahmen könnte ich bequem eine
Finanzierung tragen. Und Steuern
spare ich auch dabei.

ZUR MIETE WOHNEN UND TROTZDEM KAUFEN ?

Erinnern Sie sich noch an Ihre allererste richtige Wohnung? Nicht das Zimmer in der Wohngemeinschaft oder die Studentenbude, sondern Ihr eigenes Domizil mit allem Drum und Dran. Wieviel haben Sie damals an Miete bezahlt? Was zahlen Sie heute? Und morgen? Stellen Sie sich vor, Sie blieben Ihr ganzes Leben Mieter. Dann würden Sie bis zu Ihrem 65. Lebensjahr einige 100.000 Euro an Ihren Vermieter über-weisen. Ihre Miete würde sich alle 20 Jahre in etwa verdoppeln. Solange nun Ihr Einkommen ebenfalls ständig höher würde, hätten Sie damit auch zunächst keine Probleme.

Auch als Mieter in Immobilien investieren

Beispiel: Sie sind heute 35 Jahre alt und kaufen eine Eigentumswohnung, die Sie für zunächst 500 Euro im Monat vermieten. So viel bezahlen Sie heute auch selbst an Miete. Nach 30 Jahren sind Sie mit der Finanzierung durch.
Ihre Mieteinnahmen entfallen nun, weil Sie selbst in Ihre Immobilie einziehen.
Aber dafür wohnen Sie ab jetzt in Ihrer entschuldeten Wohnung fast umsonst.
Ohne Eigentumswohnung ginge mit 75 Jahren Ihre Rente komplett an den Vermieter. Und Ihre Miete würde immer weiter ansteigen.

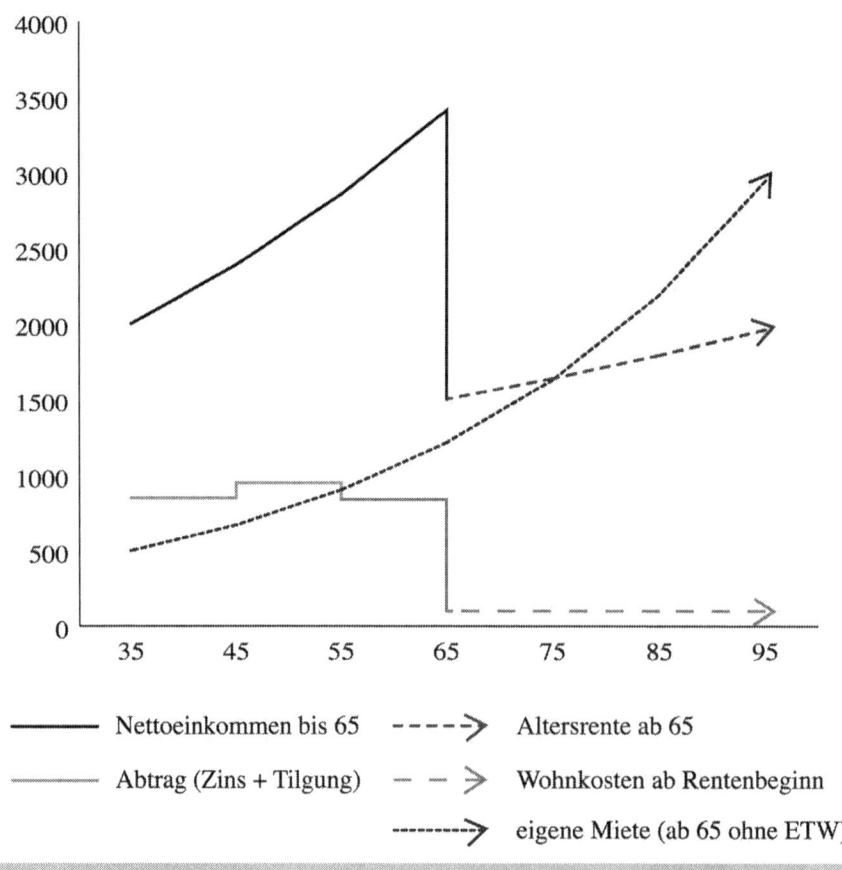

Doch mit Beginn der gesetzlichen Rente sinken Ihre Einnahmen drastisch, Ihre Miete indes steigt unaufhaltsam. Dagegen können Sie sich schützen, indem Sie sich rechtzeitig eine Immobilie anschaffen, um selbst darin zu wohnen. Vorher müssen Sie zwar Kapital ansammeln um kaufen zu können, also Konsumverzicht üben. Und auch nach dem Kauf ist die Belastung durch die Hypothek noch eine Zeitlang höher als Ihre alte Miete. Spätestens nach 15 Jahren aber und ganz besonders mit Beginn Ihres Ruhestandes stellen Sie sich bei der Monatsbelastung besser. Außerdem gehört Ihnen dann eine lastenfreie Immobilie, aus der Sie niemand mehr vertreiben kann.

Immobilien rechnen sich langfristig immer

Verdienen Sie relativ gut, sind ledig und haben bisher Einiges angespart? Dann kann es für Sie rein finanziell günstiger sein, eine Immobilie zu erwerben und selbst weiterhin Mieter zu bleiben. Auf der einen Seite kommen zu Ihrem Gehalt jetzt noch die Mieteinnahmen hinzu. Auf der anderen Seite können Sie den Kaufpreis und die Finanzierungszinsen steuerlich komplett dagegen aufrechnen. Wenn Sie günstig eingekauft haben und nach Kosten und Steuern eine verhältnismäßig hohe Mietrendite erzielen, können Sie damit einen Großteil Ihrer Immobilie finanzieren. So müssen Sie anfangs wenig eigenes Geld einsetzen, und der Mieter zahlt Ihre Immobilie ab.

Die Brötchen-Tabelle

Viele Güter und Dienstleistungen unterliegen einem höheren Preisverfall als in der offiziellen Inflationsrate zum Ausdruck kommt. Offiziell dürften sich die Preise in 25 Jahren höchstens verdoppeln bis verdreifachen. In den angeführten Beispielen ergibt sich jedoch oftmals eine Verfünffachung.

1965
Brötchen   0,06 DM

Briefporto	0,20 DM
Herren - Haarschnitt	2,50 DM
BILD - Zeitung	0,10 DM
Miete 3-Zi.-Wohnung	300 DM
Daimler - Benz	8.600 DM
Kinokarte	2 DM

1990
Brötchen   0,30 DM

Briefporto	1 DM
Herren - Haarschnitt	25 DM
BILD - Zeitung	0,50 DM
Miete 3-Zi.-Wohnung	1.200 DM
Daimler - Benz	43.000 DM
Kinokarte	10 DM

2015(?)
Brötchen   1,50 DM

Briefporto	5 DM
Herren - Haarschnitt	250 DM
BILD - Zeitung	2,50 DM
Miete 3-Zi -Wohnung	4.800 DM
Daimler - Benz	215.000 DM
Kinokarte	50 DM

Die Anschaffung einer Immobilie zur Kapitalanlage kann für Sie dann die richtige Entscheidung sein, wenn Sie

→ dauerhaft über ein hohes Einkommen verfügen,

→ dadurch zwar aus der staatlichen Eigenheimförderung herausfallen, aber

→ Steuervorteile entsprechend gebrauchen können,

→ relativ günstig zur Miete wohnen,

→ dauerhaft gut vermieten können,

→ mit einem optimalen Konzept sowie niedrigen Zinsen finanzieren und

→ sich Ihre berufliche und private Unabhängigkeit erhalten wollen.

Damit legen Sie die Basis für Ihre Vermögenspyramide, die stets zu einem Großteil aus sicheren, inflationsbeständigen Sachwerten bestehen sollte. Auf dieser Grundlage können Sie beruhigt mit risikoreicheren Investments aufbauen.

Wenn der Beruf Vorfahrt hat

Füllt Ihre Arbeit Sie so aus, daß Ihnen wenig Zeit für das Privatleben bleibt? Winken Ihnen Leitungsaufgaben und Auslandsaufenthalte? Verfolgen Sie den Plan, sich sofort aus dem Berufsleben zurückzuziehen, sobald Sie Ihre erste Million auf dem Konto haben, was nicht all zu lang nach Ihrem 50. Geburtstag sein sollte? Sind Sie bereit, einen beträchtlichen Teil Ihres sehr guten Einkommens nicht für Konsumzwecke auszugeben,

sondern regelmäßig zur Erreichung Ihres Lebenstraumes einzusetzen?

Professionelle Beratung

Dann brauchen Sie eine effektive Strategie für den Vermögensaufbau sowie einen vertrauenswürdigen und kompetenten Berater. Denn Sie sind fünfzig oder mehr Wochenstunden im Beruf eingespannt und können sich unmöglich um die Einzelheiten kümmern.

Sie sollten sich in Ihrem eigenen Interesse ausreichend Zeit nehmen, die Richtlinien und Ziele festzulegen, die Ihr Berater dann umsetzt. Sonst kann es Ihnen ergehen wie so vielen anderen: Sie schichten fleißig Stein auf Stein, um ihr finanzielles Gebäude zu errichten, und durch eine unbedachte Bewegung reißen Sie möglicherweise alles wieder ein.

tipp!

Gründe für einen langfristigen Anlagehorizont

→ Offene Immobilienfonds müssen zuerst einmal ihre Ankaufskosten wieder einspielen.

→ Fonds für Immobilienaktien bauen sich nur unter Schwankungen auf, die man „aussitzen" muss.

→ Kursgewinne sind erst dann steuerfrei, wenn die Anteile länger als ein Jahr gehalten werden.

Tragen Sie also nicht nur dafür Sorge, daß Sie dauerhaft viel einnehmen, sondern vor allem dafür, daß Sie möglichst viel von Ihren Einkünften auch behalten! Wenn Sie regelmäßig größere Summen investieren und das mit einer guten Rendite, werden die Erträge rasch Ihren Sparerfreibetrag übersteigen. Von allem, was Sie darüber hinaus erwirtschaften, bekommt das Finanzamt in Ihrem Fall die Hälfte. Und dazu zehrt die Inflation an Ihrer Rendite. Allein um die Kaufkraft Ihres Guthabens auch nur zu erhalten, benötigen Sie bereits eine jährliche Rendite von rund 6 %. Erst wenn diese dauerhaft höher liegt, bauen Sie real Vermögen auf!

Die richtige Strategie macht's
Vielleicht ist Ihnen dieser Zusammenhang bereits bekannt und Sie haben deshalb überwiegend oder gar ausschließlich in Aktien investiert? Wenn Sie schon vor mehreren Jahren damit begonnen haben, konnten Sie im Zuge des allgemeinen Börsenbooms auch nicht viel falsch machen. Bis zum Frühjahr 2000 jedenfalls. Doch wie ist es Ihnen seitdem ergangen? Falls Sie noch alle Aktien von damals besitzen, hat sich Ihr Vermögen bis heute wahrscheinlich halbiert.

Die beste Strategie dagegen wäre eine ausgewogene Mischung gewesen mit anderen Anlageformen, die entweder kaum oder aber gegenläufig zu „normalen" Aktien schwanken. Mit Offenen Immobilienfonds (siehe Seite 72 f.) hätte sich Ihr Guthaben kontinuierlich erhöht.

Mit Immobilienaktien (siehe Seite 78 f.) wären Sie bei weitem nicht so stark abgestürzt wie mit Werten aus Internet, Telekommunikation oder Neuen Märkten.

Offene Immobilienfonds und Fonds für Immobilienaktien tragen Ihrem Sicherheitsbedürfnis Rechnung, indem sie in viele verschiedene Einzelwerte investieren und so das Risiko breit streuen. Auf diese Weise können Sie an der relativ unbeweglichen Anlageform der Immobilie in Form von beweglichen Anteilen partizipieren. Sie unterliegen keinerlei Sparzwang und binden sich nicht durch eine Finanzierung, die Ihnen bei der späteren Anschaffung Ihres Eigenheims eventuell im Wege stehen könnte.

Obwohl Sie bei beiden Fondsarten jederzeit ein- und aussteigen können, sollten Sie allerdings immer einen langfristigen Anlagehorizont mitbringen.

Auch wenn Sie Überraschungen lieben - bei der Geldanlage sollten Sie darauf verzichten.

steuerprogression

Die Steuerprogession am Beispiel eines Singles

zu versteuerndes Jahreseinkommen	in Euro	Steuerschuld in Euro	Steuersatz im Schnitt	Steuersatz in der Spitze
normal	50.000	15.775	31,5 %	
Mehreinnahmen (z. B. aus Vermietung)	2.500	1.275		51,0 %
neu	52.500	17.050	32,5 %	

Die Mehreinnahmen müssen wesentlich höher versteuert werden. Die Belastung darauf nennt man den Grenzsteuersatz. Umgekehrt gilt: Wenn Sie Ihr normales Einkommen reduzieren können (z. B. durch Werbungskosten), sparen Sie verhältnismäßig viel Steuern.

Wenn Sie bereits derartige Anlagen besitzen und darüber hinaus noch in Realimmobilien investieren wollen, vielleicht der Steuer wegen, sollten Sie keine Eigentumswohnung zur Vermietung kaufen. Da eine solche selten unter 100.000 Euro zu haben ist, belasten Sie sich in der Regel mit erheblichen Hypotheken sowie mit Verwaltung und Vermietung. Prüfen Sie stattdessen die Beteiligung an einem wirtschaftlich vernünftigen Geschlossenen Immobilienfonds (siehe Seite 85 f.). Wenn Sie sich vom Volumen her nicht übernehmen und aus Ihrem Einkommen stets eine eventuell Finanzierung bedienen können, kappen Sie damit optimal Ihre Steuerspitze und können die Erstattung als Eigenkapital in den Fonds einbringen.

Hierbei sollten Sie die Strategie verfolgen, jedes Jahr in überschaubarer Größenordnung zu investieren, bis Sie Ihr geplantes Anlagevolumen erreicht haben. Dadurch erzielen Sie eine breitere Risikostreuung und nutzen Ihre Steuervorteile besser aus, als wenn Sie bei einer vermeintlich einmaligen Gelegenheit einen riesigen „Schluck aus der Pulle" nehmen. Schon manch leichtsinniger Anleger hat sich daran mächtig verschluckt.

Wenn Sie dagegen strukturiert und maßvoll Immobilienwerte erwerben, halten Sie sich bei Ihrer Lebensplanung alle Möglichkeiten offen und sichern sich gleichzeitig finanzielle Rücklagen für den Fall unverhoffter Karriereknicks.

Vater Staat hilft bei der Vermögensbildung

Wenn Sie in Immobilien investieren, dann in der Absicht, Einnahmen zu erzielen. Dafür interessiert sich auch Ihr Finanzamt. Nehmen wir an, Ihr zu versteuerndes Einkommen beträgt 50.000 Euro im Jahr. Dafür bezahlen Sie als Single 15.775 Euro an Einkommensteuer. Ihr Steuersatz beträgt also im Schnitt 31,5 %. Wenn nun 2.500 Euro an Mieteinnahmen hinzukommen, erhebt das Finanzamt darauf etwa 51 %. Man spricht hierbei von Ihrem persönlichen Grenzsteuersatz. Je höher Ihr normales Einkommen bereits ist, desto höher fällt die Steuer auf zusätzliche Einnahmen aus.

Doch glücklicherweise gibt es ein Gegenmittel. Um Einnahmen aus Immobilien erzielen zu können, müssen Sie zuerst einmal in diese investieren. Ob Sie später dauerhaft vermieten können und wie hoch die Mieteinnahmen über die Jahre hinweg ausfallen, ist ungewiß. Sie betreiben also einen finanziellen Aufwand und gehen in das unternehmerische Risiko, was das Finanzamt in der Form berücksichtigt, daß Sie Ihren Aufwand mit Ihren Erträgen verrechnen dürfen.

Je nach Art der Immobilieninvestition kommen steuermindernd in Betracht:

Bei der Anschaffung
→ die Kosten der Geldbeschaffung (Gebühren für Schätzung und Kreditvermittlung, Auszahlungsverlust usw.)

Bei der Bewirtschaftung
→ die Abschreibung der Herstellungs- oder Anschaffungskosten
→ der laufende Erhaltungsaufwand
→ die Verwaltungskosten

Beim Wiederverkauf
→ Kursgewinne bei Offenen Fonds und Immobilienaktien (nach Ablauf einer Spekulationsfrist von einem Jahr)
→ Veräußerungserlöse bei Realimmobilien und Geschlossenen Immobilienfonds (nach Ablauf einer Spekulationsfrist von zehn Jahren)

Prüfen Sie sorgfältig, wie Sie Ihren Grenzsteuersatz wirksam senken können, damit die Rendite Ihrer Immobilienanlage auch unter dem Strich attraktiv bleibt. Bei alledem beherzigen Sie jedoch folgende Grundregel: Investieren Sie nur in solche Anlagen, die auch ohne jeglichen Steuervorteil wirtschaftlich sinnvoll sind! Dann ist nichts dagegen einzuwenden, wenn Ihnen das Finanzamt obendrauf noch ein hübsches Sahnehäubchen spendiert.

Sie können Vater Staat auch auf andere Weise am Vermögensaufbau beteiligen, vorausgesetzt, Ihr Einkommen übersteigt eine im Gesetz festgelegte Grenze nicht. Die Rede ist vom Bausparen, das wie folgt abläuft: Sie zahlen einige Jahre lang monatlich einen festen Betrag ein, der niedrig verzinst wird. Für diesen Renditenachteil sichern Sie sich ein billiges Darlehen, falls Sie später eine Immobilie zur Eigennutzung erwerben.

bausparen

Förderung für das Bausparen pro Person

Arbeitnehmer-Sparzulage

auf maximal 480 Euro Sparbeitrag pro Jahr	10 % =	48 Euro
Einkommensgrenze: zu versteuerndes Jahreseinkommen	=	17.900 Euro

Wohnungsbauprämie

auf maximal 512 Euro Sparbeitrag pro Jahr	10 % =	51 Euro
Einkommensgrenze: zu versteuerndes Jahreseinkommen	=	25.600 Euro

Sind Sie verheiratet und haben Kinder, kann Ihr gemeinsames Bruttoeinkommen deutlich höher sein. Beispiel: Ein berufstätiges Ehepaar mit 2 Kindern kann bei einem jährlichen Bruttoeinkommen von ca. 52.000 Euro noch die Arbeitnehmer-Sparzulage bekommen.

Achtung: Diese Regelungen gelten nach den neuesten Sparlänen der Bundesregierung eventuell ab 2004 nicht mehr.

Doch auch wenn für Sie heute noch gar nicht feststeht, ob Sie ein Haus oder eine Eigentumswohnung kaufen wollen, kann sich das gering verzinste Bausparen lohnen. Denn innerhalb bestimmter Einkommensgrenzen legt Vater Staat auf Ihre Sparraten – bis zu einer gewissen Höhe – zwei schöne Prämien oben drauf (siehe Kasten oben). Diese beiden Förderungen erhalten Sie selbst dann, wenn Sie von vornherein niemals die Absicht hatten, Häuslebauer zu werden. Dann können Sie zwar nicht das günstige Bauspardarlehen in Anspruch nehmen. Doch mit den staatlichen Zuschüssen haben Sie in jedem Fall einen schönen Betrag aufgebaut.

Immer unter der Voraussetzung, Sie zahlen mindestens sieben Jahre in den Bausparvertrag ein und überschreiten nicht die geförderten Höchstbeträge bei den Sparraten und beim Einkommen.

Sie haben nun erfahren, daß es viele gute Gründe gibt, in Immobilienwerte zu investieren. Prüfen Sie auf alle Fälle zunächst, ob die klassische Form für Sie wirklich die Richtige ist, nämlich ein Haus oder eine Wohnung zu kaufen, um damit dauerhaft Mieteinnahmen zu erzielen.

Das folgende Kapitel gibt Ihnen hierfür Hilfestellung.

Haben Sie sich bereits innerlich für die Anschaffung eines Hauses oder einer Wohnung entschieden? Und wissen Sie auch schon, ob Sie darin selbst wohnen möchten oder doch lieber vermieten? Dann stellen Sie Ihre Antennen auf Empfang und machen Sie sich auf die Suche nach dem Objekt Ihrer Träume.

Kauf und Vermietung einer Immobilie

Wir hatten damals
Glück: Meine Eltern
haben uns beim Bau
unseres Hauses unter-
stützt, die Zinsen
waren niedrig, und wir
konnten immer pünkt-
lich unsere Raten an
die Bank zahlen.
Jetzt wollen wir
unserer Tochter auch
Starthilfe geben. Wir kaufen eine Eigentumswohnung,
in die sie einziehen kann, bis sie mit dem Studium
fertig ist. Inzwischen wissen wir, wie der Hase läuft
und worauf man alles achten muß.

WAS SIE ÜBER IMMOBILIEN WISSEN MÜSSEN

Es gibt viele gute Gründe, eine Immobilie zu erwerben. Etwas besitzen, das man anfassen kann, dessen Wert im Laufe der Jahre wächst. Vermögen aufbauen und dabei vom Staat unterstützt werden. Im Ruhestand mit den Mieteinnahmen die eigenen Bezüge aufbessern.
Dem steht die langfristige Bindung gegenüber, die man eingehen muß. Immobilien sind nicht nur selbst unbeweglich, sondern machen zudem meist auch ihre Besitzer immobil.
Doch bedeutet das wirklich einen Nachteil für Sie, wo Sie sich doch im Grunde nach langfristiger Sicherheit bei Ihrer Geldanlage sehnen (vgl. Seite 17)?

Wenn Sie bereits ein eigenes Haus besitzen, haben Sie es ja schon erlebt: Das Abwägen des Für und Wider, die endgültige Kaufentscheidung, das Aufsetzen des Vertrages beim Notar, das Aushandeln der Finanzierung mit der Bank, die laufende Verwaltung, Reparaturen und vieles mehr. Aus diesem Grund fühlen Sie sich gewappnet für die anstehende Entscheidung.

Das ist eine gute Ausgangsbasis, doch Vorsicht! Fühlen Sie sich nicht zu sicher. Erstens liegt der Kauf Ihres Eigenheims schon lange zurück, zweitens gelten für eine vermietete Immobilie andere Spielregeln. Wenn Sie nämlich eine Immobilie kaufen, um selbst in ihr zu wohnen, geht es vor allem um die Frage: „Gefällt sie mir?" Wollen Sie jedoch vermieten, lautet die Hauptfrage: „Lohnt sich das für mich?"

Um diese Fragen beantworten zu können, brauchen Sie Informationen. Doch beim Immobilienkauf ist es wie bei so vielen anderen Entscheidungen auch: Wir ertrinken in Informationen und dürsten gleichzeitig nach Orientierung.

Damit Sie bei der Investitionsentscheidung die Orientierung behalten, sollten Sie sich nur auf das Wissen konzentrieren, das Ihnen bei der Entscheidungsfindung weiterhilft. Überlegen Sie gut, welche Faktoren für Sie persönlich ausschlaggebend sind für die konkrete Immobilienanlage, die Sie im Auge haben.

Lage, Bauqualität und Ausstattung, Vermietbarkeit, Kaufpreis

Sie haben sich vorgenommen, eine Immobilie zu kaufen und darin entweder selbst zu wohnen oder sie zu vermieten. Das konkrete Objekt steht noch nicht fest. Damit Sie treffsicher auswählen können, benötigen Sie Kenntnisse über die Lage des Objekts, seine Bauqualität und Ausstattung, die Möglichkeiten der Vermietung und den Kaufpreis.

 **c h e c k l i s t e**

Wonach fragen Selbstnutzer und Vermieter?

Der Selbstnutzer fragt:
- Fühle ich mich dort wohl?
- Wie viel muß ich monatlich bezahlen?
- Werde ich immer genug verdienen, um die Miete bezahlen zu können?

Der Vermieter fragt:
- Wie kann ich den Kaufpreis drücken?
- Wie viel Miete kann ich verlangen?
- Wie hoch ist mein Verwaltungsaufwand?
- Wie finanziere ich optimal?
- Welche Steuervorteile kann ich in Anspruch nehmen?

Lage

Das Ziel jeder Investition ist der preis-
werte Einsatz eigener Geldmittel zur
Erzielung eines angemessenen Ertrages.
Dies gilt auch für Investitionen in
Immobilien. Ein wesentlicher Bestandteil
des Ertrages einer Immobilienanlage sind
die Mieteinnahmen. Diese wiederum sind
abhängig davon, wie das Objekt genutzt
wird. Der eine Mieter möchte darin
wohnen, der andere ein Ladengeschäft
betreiben oder ein Büro eröffnen. Und er
hat konkrete Vorstellungen, an welchem
Ort und in welcher Lage dies sein soll.
Versetzen Sie sich daher zunächst in die
Situation eines potenziellen Mieters und
fragen Sie sich:

→ Welchen Nutzen bietet meine Immobilie den in Frage kommenden Mietparteien an diesem konkreten Standort?

→ Welche Nutzungsarten sind in dieser
Lage möglich und gesetzlich erlaubt?

→ Ist die Lage objektiv günstig für die
beabsichtigte Nutzung? Wie steht es mit
der Verkehrsanbindung und der Infra-
struktur im unmittelbaren Umkreis
(Einkaufsmöglichkeiten, Schulen,
Kindergärten, Kulturangebot, öffentliche
Verkehrsmittel etc.)?

→ Wie ist das Angebot der Konkurrenz
beschaffen, gibt es Versorgungslücken?

→ Wie groß ist die Nachfrage nach
meinem Angebot heute und in Zukunft?

Wie können Sie die Vor- und Nachteile
eines Standortes in Erfahrung bringen?
Gehen Sie dazu zunächst im Umkreis
Ihres eigenen Wohnortes auf die Suche.

Denn hier können Sie mit allen beteiligten
Parteien persönlich sprechen. Sie können
das Objekt bequem besichtigen und dessen näheres Umfeld erkunden. Und Sie
können die ortsansässigen Bewohner
fragen, wie viel Miete sie bezahlen,
ob sie gern hier wohnen und welche
Einrichtungen sie vermissen.

Nachdem Sie eine solche Standortanalyse
vorgenommen haben, können Sie wesentlich besser beurteilen, welche Einnahmen
Sie langfristig erwarten können.

*Nehmen Sie das Objekt und Ihre Partner
persönlich in Augenschein.*

Bauqualität und Ausstattung

Gerade bei Gebäuden, die neu errichtet werden, entscheidet die Bauqualität über die Kosten der Herstellung und über den notwendig werdenden Aufwand für die Instandhaltung Ihrer Immobilie, letztlich also darüber, ob der Kaufpreis angemessen ist oder nicht. Hier geht es zum Beispiel um die verwendeten Materialien (Holz oder Marmor), die Schalldämmung (Einfach- oder Isolierverglasung), die Art der Wärmeregulierung (Heizkörper oder Fußbodenheizung), ob mit Keller, ausgebautem Dachgeschoss, Doppelgarage oder nicht. Auch der Aufwand des Architekten für Planung und Baubegleitung gestaltet sich entsprechend unterschiedlich und damit auch dessen Honorar, das im Kaufpreis enthalten ist.

Verlassen Sie sich niemals auf die bloße Beschreibung im Verkaufsprospekt, sondern vergewissern Sie sich, daß auch tatsächlich die vereinbarte Bauausführung vorgenommen und die berechneten Leistungen erbracht wurden. Nutzen Sie jede Möglichkeit, das Objekt vor Ort zu besichtigen. Falls noch gebaut wird, sollten Sie jede einzelne Entstehungsphase persönlich in Augenschein nehmen Prüfen Sie den aktuellen Zustand des Gebäudes und werfen Sie auch einen Blick hinter die Fassade. Achten Sie auf Nässigkeit, Stockflecken oder Schimmel an Wänden, Luftzug unter Fenstern, Risse im Mauerwerk, Trockenheit des Kellers und des Dachbodens sowie auf den Zustand der Heizungsanlage und Wasserrohre, die Fensterrahmen, Ausblühungen

w i c h t i g

Wählen Sie die richtige Ausstattung

Eine hochwertige Ausstattung allein bedeutet nicht automatisch eine hohe Mietrendite. Sie können zwar mehr Miete verlangen, haben in der Regel aber auch einen höheren Kaufpreis für das Objekt bezahlt. Nehmen Sie deshalb keine zu exklusive und keine zu billige Ausstattung. Im ersten Fall müßten Sie eine hohe Miete verlangen, was den Kreis der Interessenten einschränkt. Im zweiten Fall bekommen Sie es leicht mit einkommensschwachen Mietern zu tun. Wählen Sie stattdessen eine mittlere Ausstattung, denn dadurch sprechen Sie die meisten Mietwilligen an.

im äußeren Mauerwerk, fehlende oder gebrochene Dachziegel usw. Erkundigen Sie sich, wann welche Teile mit welchen Materialien zuletzt erneuert worden sind. So können Sie deren Haltbarkeit abschätzen und einen eventuellen Reparaturbedarf ermitteln, den Sie bei den Preisverhandlungen ins Spiel bringen müssen. Ein korrekter Verkäufer wird von sich aus auf einen eventuellen Reparaturstau hinweisen und sollte im Kaufvertrag bestätigen, daß ihm keine weitergehenden oder versteckten Mängel bekannt sind.

Vermietbarkeit

Die Vermietbarkeit ergibt sich aus der Lage, der möglichen Nutzung, der Bauqualität, der Größe sowie aus dem Alter und dem Zuschnitt Ihrer Immobilie. Nehmen wir an, für ein vergleichbares Objekt werden 10 Euro pro Quadratmeter netto im Monat bezahlt. Mehr gibt der Markt nicht her. Wenn es sich um eine normale Wohnung handelt, sollte die jährliche Kaltmiete bei 4 bis 5 % dessen liegen, was Sie insgesamt bezahlt haben. Ermitteln Sie also den Betrag, den Sie pro Quadratmeter bezahlt haben, und setzen Sie Ihre Mieteinnahmen dazu ins Verhältnis (siehe nebenstehenden Kasten).Vielleicht hören sich 10 Euro mtl. pro Quadratmeter für Sie bereits hoch an. Doch beim Nachrechnen zeigt sich, daß Sie eigentlich 12 Euro haben müßten.

Nun steht eine Entscheidung an: Warten Sie noch eine Weile auf einen besseren Mieter und lassen Ihr Objekt leer stehen oder beißen Sie in den sauren Apfel und nehmen die Miete, die Sie kriegen können? Beide Male senken Sie dadurch (zumindest am Anfang) Ihre Mietrendite. Das kann schmerzhaft für Sie sein, denn wenn Ihre Ausgaben für Zins und Tilgung der Hypothek höher liegen, müssen Sie laufend zuzahlen.

Vorsicht vor Mietgarantien, die Ihnen für die Anfangszeit versprochen werden! Hierfür bezahlen Sie bereits einen höheren Kaufpreis, und dann ist eine Garantie immer nur so viel wert wie derjenige, der sie ausspricht. Was nützt es Ihnen, wenn nach Ablauf der Garantie oder bei Ausfall des Mietgaranten eine böse Überraschung auf Sie lauert? Entscheidend ist in jedem Fall, daß Sie zu dem Preis vermieten können, den Sie haben müssen!

Kaufpreis

Den Preis, den Sie für eine Immobilie zu zahlen bereit sind, müssen Sie in Relation zur Wohnfläche betrachten und zur erzielbaren Miete.

Eine gute Lage ist die halbe Miete.

w i c h t i g

Mietrendite und Kaufpreis

Anzeige im Immobilienteil Ihrer Tageszeitung:
„Herrlich gelegene Eigentumswohnung in der Innenstadt. 66 qm nur 165.000 Euro.
Mit fünfjähriger Mietgarantie von 10 Euro pro qm monatlich. Jetzt sofort zugreifen!"

Prüfen Sie nach:

Kaltmiete pro qm im Jahr	(10 x 12)	120 Euro

Das hört sich zunächst nach viel an. Doch

wie viel kostet Sie der Quadratmeter?	(165.000 : 66)	2.500 Euro

Damit liegt die Mietrendite pro Jahr bei	((120 x 100) : 2.500)	4,8 %

Nicht schlecht. Aber wie viele Mieter können
660 Euro im Monat bezahlen? Was ist nach
fünf Jahren, wenn die Mietgarantie ausläuft und
Sie danach nur noch 6 Euro mtl. erzielen können?

Dann sinkt Ihre Mietrendite auf	((6 x 12 x 100) : 2.500)	2,9 %

Tipp: Achten Sie auf ein gutes Verhältnis von erzielbarer Miete und
Kaufpreis. Bei 6 Euro pro Quadratmeter im Monat darf Sie
der Quadratmeter nicht mehr kosten als 1.500 Euro.

Der wirtschaftliche Erfolg, den Sie sich aus Ihrer Immobilieninvestition erhoffen, hängt davon ab, ob der Kaufpreis angemessen ist oder nicht.
Bei vermieteten Immobilien setzt sich der wirtschaftliche Erfolg aus drei Faktoren zusammen:

→ den Nettomieteinnahmen, also der Kaltmiete abzüglich Ihrer Kosten als Besitzer,
→ der Wertsteigerung Ihres Objektes und
→ Ihren steuerlichen Vorteilen, die durch die Entwicklung Ihrer Einkommensverhältnisse beeinflußt werden.

wertsteigerung

Mögliche Wertsteigerung bei Wohnimmobilien (Neubau)

Im Normalfall verläuft die Wertsteigerung langfristig – auf Sicht von 10 Jahren –
analog der Geldentwertung. Sie bezieht sich dabei nur auf den Anteil für die
reinen Erstellungskosten der Immobilie und den Kaufpreis für das Grundstück –
den so genannten Substanzwert. Frühestens nach 10 Jahren kann der Käufer
mit einem Gewinn rechnen – falls er tatsächlich verkauft.

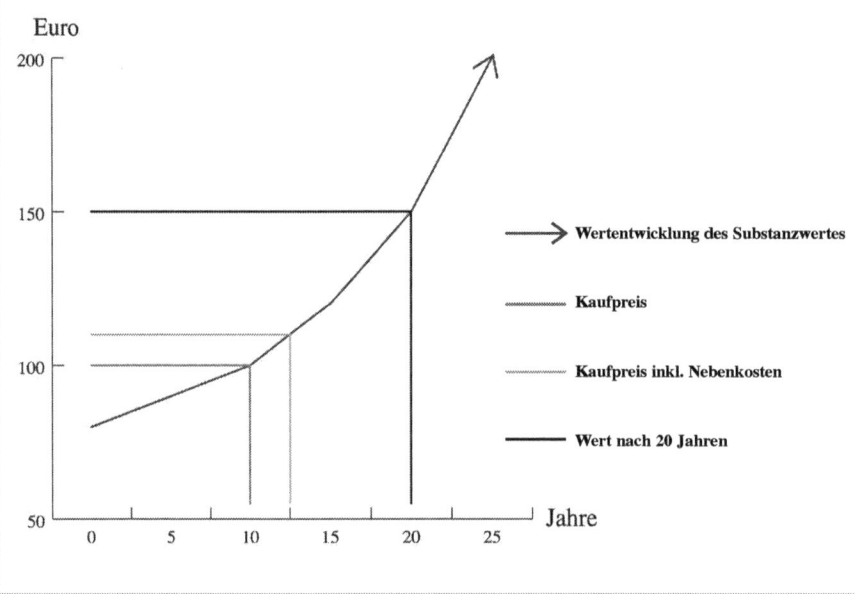

Diese drei Größen werden immer in
Prozent pro Jahr ausgedrückt und beziehen sich auf den Betrag, den Sie im Zuge
der Anschaffung tatsächlich bezahlt
haben. Rechnen Sie sich also nicht reich,
indem Sie nur den reinen Kaufpreis, so
wie er im Vertrag steht, zu Grunde legen,
sondern zählen Sie auch Ihre Nebenkosten
sowie nachträgliche Investitionen in der
Anfangsphase hinzu. Was die erzielbare
Miete betrifft, so muß sie in einem angemessenen Verhältnis zum Kaufpreis
stehen. Legen Sie die wahrscheinliche
Mietrendite zugrunde, wenn Sie Ihre
Entscheidung über den Kaufpreis treffen,
genauer: den Kaufpreis pro Quadratmeter.

kosten beim immobilienkauf

Soviel kann Sie der Erwerb Ihrer Immobilie kosten

Beispiel: Neubauwohnung

Gebäudeanteil (Baukosten)	75.000	=	75,0 %
Grundstücksanteil (Preis + Erschließung)	5.000	=	5,0 %
Baunebenkosten (Architekt, Statik, Baugenehmigung)	10.000	=	10,0 %
Vertriebsprovisionen	8.000	=	8,0 %
Sonstiges	3.000	=	3,0 %
Kaufpreis	100.000	=	100,0 %
Grunderwerbsteuer	3.500	=	3,5 %
Makler	5.500	=	5,5 %
Notar (Kaufvertrag + Grundbucheintragung)	1.000	=	1,0 %
Gesamtaufwand	110.000	=	110,0 %

Abschließend noch ein wichtiger Hinweis zur Wertsteigerung: Sie findet immer nur auf den Substanzwert – Immobilie plus Grundstück – statt und nicht auf die „weichen" Kosten etwa für Vertrieb oder für Garantien. Diese Ausgaben können Sie zwar zum Teil steuerlich geltend machen, doch hier sollte Ihr Motto lauten: „Die besten Kosten sind keine Kosten". Der Preis für Arbeitslohn und Material sowie für das Grundstück macht im Normalfall rund 80 % des Kaufpreises aus (ohne Nebenkosten wie Grunderwerbsteuer, Makler oder Notar) und kann sich bei seriösen Angeboten für Neubauten in Deutschland zwischen 75 % und 85 % bewegen. Wichtig ist also, daß Sie keinen Euro mehr bezahlen, als Ihr Objekt wirklich wert ist.

Anbieter, Bauträger, Darlehensgeber, Notar – Ihre Vertragspartner

Beim Erwerb einer Immobilie haben Sie es mit unterschiedlichen Partnern zu tun: Der Erste verkauft sie Ihnen, der Zweite – im Falle eines Neubaus – errichtet sie, der Dritte finanziert sie, der Vierte setzt den Kaufvertrag auf und so weiter. Alle haben unterschiedliche Interessen, die sie Ihnen gegenüber durchzusetzen versuchen. Diese Interessen müssen Sie kennen, bevor Sie Ihre Unterschrift unter einen Vertrag setzen. Nur dann wissen Sie, was Sie im Einzelnen erwarten können und was nicht.

Klopfen Sie das Angebot auf Chancen und Risiken ab.

Der Anbieter

Der Anbieter einer Immobilieninvestition kann Ihnen in vielerlei Gestalt begegnen: als Initiator, Kapitalanlagegesellschaft, Makler, Handelsvertreter, Gelegenheitsvermittler usw. Entsprechend unterschiedlich sind die gesetzlichen Regelungen, denen diese Personenkreise jeweils unterliegen. Der eigentliche Verkäufer ist stets derjenige, der den Verkaufsprospekt herausgibt (Exposé beim Hauskauf, Emissionsprospekt bei der Anlage in Immobilienfonds). Der Herausgeber ist zur Vollständigkeit und Richtigkeit der schriftlich gemachten Aussagen verpflichtet. Er muß Sie über die Risiken und Chancen seines Angebotes nach bestem Wissen und Gewissen aufklären und darf keine Mängel verschweigen.

Seriöse Anbieter haben nichts zu verschweigen, dürfen aber ihr Angebot innerhalb eines gewissen Rahmens anpreisen. Erlaubt sind auch Vergleiche mit anderen Angeboten. Vorsichtig sein sollten Sie bei Zukunftsprognosen und daher sorgfältig die vom Prospektherausgeber getroffenen Angaben prüfen. Für die Ermittlung Ihrer künftigen Einnahmen macht es z. B. einen großen Unterschied, ob die Entwicklung der Inflationsrate mit 3 % oder mit 5 % pro Jahr unterstellt wird. Denn meist sind die Steigerungsraten der Mieteinnahmen an die prognostizierte Entwicklung der Inflation gekoppelt, und es ergibt sich in ferner Zukunft entsprechend ein höherer oder niedrigerer Verkaufserlös (als Vielfaches der jeweiligen Jahresmiete).

Achten Sie ebenfalls auf den vereinbarten Gerichtsstand und machen Sie sich über die dort geltenden gesetzlichen Regelungen sachkundig, falls Sie Ihre Ansprüche später einmal gerichtlich durchsetzen müssen.

Der Bauträger

Wenn Sie eine konkrete Immobilie erwerben oder einen Anteil zeichnen an einem Geschlossenen Immobilienfonds, vergewissern Sie sich, wie lange das Objekt bereits existiert oder ob es sich um einen Neubau handelt. In diesem Fall sollten Sie sich den für die Herstellung verantwortlichen Bauträger genau ansehen, denn dieser unterliegt verschiedenen Gewährleistungspflichten und hat die ordnungsgemäße Erbringung der vereinbarten Leistungen nachzuweisen. Wenn Sie direkt im Vertragsverhältnis mit dem Bauträger stehen, sollten Sie sich bei der endgültigen Bauabnahme und der Übergabe des Objektes auf das Urteil eines von Ihnen bestellten Sachverständigen verlassen. Prüfen Sie vor allem auch die Vereinbarungen für den Fall nachträglich entdeckter Mängel und stellen Sie sicher, daß der Bauträger personell und finanziell in der Lage ist, diese innerhalb der gesetzten Fristen zu beseitigen.

Der Darlehensgeber

Dieser haftet nicht für die Qualität des Objektes, es sei denn, er fungiert selbst als Verkäufer. Die Tatsache, daß Sie von ihm ein Darlehen bekommen, bedeutet nicht automatisch, daß es sich bei der finanzierten Immobilie um ein wirtschaftlich sinnvolles Vorhaben handelt, daß der Kaufpreis angemessen ist oder eine gute Vermietbarkeit gegeben sein muß!

Das Hauptinteresse des finanzierenden Instituts gilt der Besicherung seines Darlehens und der Frage, ob Sie in der Lage sind, Zins und Tilgung langfristig zu bedienen. Ob Sie dazu auf Mieteinnahmen angewiesen sind oder nicht, spielt nur eine untergeordnete Rolle, solange Sie über dauerhaft erzielbare sonstige Einnahmen verfügen, z. B. ein Gehalt als Arbeitnehmer. Im Zweifelsfall verlangt das Kreditinstitut die Stellung weiterer Sicherheiten.

wichtig
Die Selbstauskunft

Jeder Kreditgeber möchte eine maximale Sicherheit für sein Darlehen. Dazu nimmt er Ihre Immobilie als Pfand und achtet darauf, daß Ihre laufenden Einnahmen abzüglich Ihrer Ausgaben stets zur Bedienung des Abtrags (Zinsen plus Tilgung) ausreichen. Erscheint ihm das ungewiß, fordert er weitere Sicherheiten wie z. B. die Abtretung Ihres Wertpapierdepots, den Eintrag in das Grundbuch einer weiteren Immobilie oder die Stellung eines Bürgen. Bei Verheirateten wird stets das Einkommen des Gatten mit herangezogen und dieser mit in die Haftung genommen, auch wenn nur einer der Partner finanzieren möchte!

Der Notar

Erwerb und Veräußerung einer Immobilie müssen notariell beurkundet werden. Aufgabe des Notars ist die ordnungsgemäße Vertragsgestaltung innerhalb der gesetzlichen Rahmenbedingungen und die Sorge dafür, daß die Zahlung des Kaufpreises und die Übergabe der Immobilie Zug um Zug verlaufen – daß Sie also nicht bereits bezahlt haben, bevor Sie als Eigentümerin im Grundbuch stehen, daß das Grundbuch lastenfrei ist usw.

Seien Sie sich darüber im Klaren, daß es bei einer Beurkundung nicht zu den Aufgaben des Notars gehört, Sie in Ihren Interessen zu berücksichtigen. Solange nicht gegen geltendes Recht verstoßen wird und kein offensichtlicher Irrtum vorliegt, können Sie Vereinbarungen und Preise in den Vertrag aufnehmen lassen, wie Sie wollen. Ob das für Sie wirtschaftlich von Vorteil ist oder nicht, müssen Sie vorher abgeklärt haben.

Ihre Rechte als Eigentümer

Es hört sich so einfach an: „Ich bin Eigentümer eines Hauses". Doch auf den ersten Blick ist nicht ohne weiteres erkennbar,

→ was Sie tatsächlich erwerben oder erworben haben (eine Immobilie oder einen Teil davon, eine Beteiligung, eine Aktie oder einen Fondsanteil) und

→ was Sie mit Ihrer Anlage tun dürfen beziehungsweise zu lassen haben

(Nutzungsarten, Verpfändung und Beleihung, Ansprüche Dritter, Verkauf oder Vererbung usw.).

Beim Kauf einer Wohnung, eines Hauses bzw. eines Gewerbeobjektes gibt das Grundbuch Auskunft über diese Fragen.

Das Grundbuch

Dieses gliedert sich in drei Abteilungen. Achten Sie unbedingt auf jede einzelne Eintragung!

→ Abteilung I
Wem gehört die Immobilie?
Wer ist der tatsächliche und rechtmäßige Eigentümer (z. B. Ehepaar Schmidt je zur Hälfte)?

→ Abteilung II
Liegen auf dem Grundstück Nutzungsrechte Dritter? Welche Ansprüche verpflichten auch einen künftigen Eigentümer (z. B. Leibrenten, Dauerwohnrecht, Vorkaufsrechte, Wegerechte)?

→ Abteilung III
Welche Belastungen sind vom Alteigentümer zu löschen bzw. vom Käufer zu übernehmen?
Sind Grundschulden und Hypotheken eingetragen? Zu wessen Gunsten und in welcher Höhe (z.B. 100.000 Euro für die Hausbank)? Stehen den Eintragungen noch Verbindlichkeiten gegenüber und wie hoch sind diese?

realeigentum

Formen des Realeigentums bei Eigentumswohnungen

Wohnungseigentum / Sondereigentum
Außer der Wohnung alle Nebenräume (Keller, Dachboden, Garage, Abstellplatz) sowie alle Türen außer der Haus- und Kellertür, Sanitärobjekte und die nicht tragenden Wände.

Gemeinschaftseigentum
Hierzu zählen sämtliche Fundamente, die Geschoßdecken und das Dach sowie alle Hauptleitungen, Wege und Treppen außerhalb des Wohneigentums

Sondernutzungsrechte
Hier wird das alleinige Nutzungsrecht des einzelnen Wohnungseigentümers an bestimmten, genau abgegrenzten Flächen des gemeinschaftlichen Eigentums festgelegt – z. B. vom Garten, von Balkons oder Terrassen.

Miteigentumsordnung
Sie kann z. B. bestimmen, daß Ihre Wohnung nur zu Wohnzwecken genutzt werden darf, selbst wenn ein Büro behördlich erlaubt sein sollte. Auch die Kostenverteilung und das Stimmrecht bei der Versammlung der Wohnungseigentümer sind hier festgelegt.

Der notarielle Kaufvertrag

Dieser muß bei allen Grundstücksgeschäften vor einem Notar geschlossen werden. Seine Aufgaben bestehen darin

→ zu prüfen, wer das Geschäft mit wem abschließen will,

→ beide Vertragsparteien über alle Rechte und Pflichten im Zusammenhang mit Kauf- und Verkauf des Objektes aufzuklären und

→ das Finanzamt über den Abschluß des Geschäftes zu informieren.

Üblicherweise enthält dieser Vertrag einen Passus, nach dem der Alteigentümer den neuen Besitzer von allen Lasten und Beschränkungen aus der Vergangenheit freistellt, indem er dafür Sorge trägt, daß entsprechende Einträge in das Grundbuch gelöscht werden. Denn auch wenn der Kaufvertrag bereits wirksam geschlossen wurde, bleibt der Verkäufer noch so lange rechtmäßiger Eigentümer des Objektes, bis der Käufer in das Grundbuch eingetragen ist.

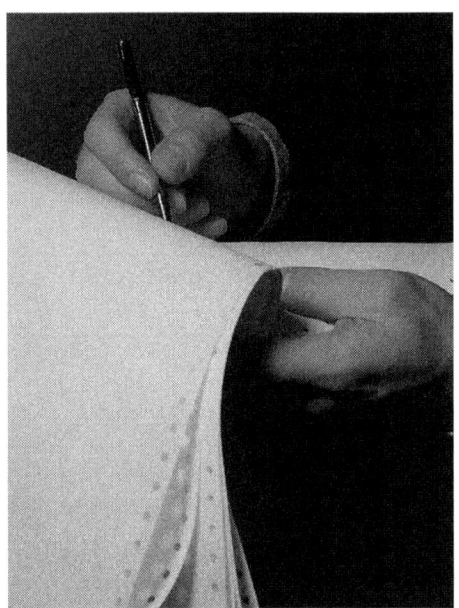

*Drum prüfe wer sich lange bindet . . .
und zwar **vor** dem Unterschreiben!*

Deshalb läßt der Notar zunächst nur eine Auflassungsvormerkung in das Grundbuch eintragen. Dadurch ist sichergestellt, daß Ihre Rechte als Käufer gewahrt bleiben, bis das nun folgende förmliche Verfahren abgeschlossen wurde. So muß z.B. eine Unbedenklichkeitsbescheinigung des Finanzamtes vorliegen, daß Sie die fällige Grunderwerbsteuer entrichtet haben.

Wurde der Kaufpreis auf ein Anderkonto des Notars überwiesen, das dieser treuhänderisch verwaltet, darf das Geld frühestens an den Alteigentümer ausgezahlt werden, wenn zum Schutz des Käufers die Auflassungsvormerkung im Grundbuch eingetragen ist.

Teilungserklärung und Gemeinschaftsordnung

Wollen Sie eine Eigentumswohnung kaufen, sind für Sie verschiedene Formen des Realeigentums interessant: Das Wohnungs-, Sonder- und Gemeinschaftseigentum, Sondernutzungsrechte und Miteigentum (siehe Kasten Seite 39).

Wenn Sie eine Eigentumswohnung in einem Mehrfamilienhaus erwerben, müssen Sie sich mit den anderen Eigentümern regelmäßig abstimmen. Sie können dabei auch überstimmt werden und sind immer an die Beschlüsse gebunden, soweit diese das Objekt als Ganzes betreffen. So kann es Ihnen passieren, daß Sie per Mehrheitsbeschluß dazu verpflichtet werden, Ihren Anteil an einer Renovierung der Außenwände zu bezahlen, obwohl Sie vielleicht meinen, das sei überhaupt noch nicht notwendig. Was Sie dagegen baulich innerhalb der von Ihnen gekauften Wohnung tun und lassen, bleibt weit gehend Ihre Angelegenheit.

Der Darlehensvertrag

Als Eigentümer einer finanzierten Immobilie müssen Sie vor schwer wiegenden Entscheidungen wie Verkauf oder Abriß die Zustimmung Ihres Kreditinstituts einholen. Wenn Sie gegen den Darlehensvertrag verstoßen, indem Sie z. B. den monatlichen Abtrag auf Dauer nicht mehr bezahlen, hat die Bank im Endeffekt das Recht, ihre Forderungen durch Zwangsversteigerung zu befriedigen.

checkliste

Fragen zur Finanzierung

✔ Wie sieht das optimale Verhältnis aus zwischen Eigen- und Fremdmitteln?

✔ Ab wann brauchen Sie die Mieteinnahmen für sich selbst, und haben Sie zu diesem Zeitpunkt die Finanzierung bereits abgeschlossen?

✔ Ist sichergestellt, daß Ihr Abtrag über die gesamte Finanzierungsdauer sich mit den erwarteten Netto-Mieteinnahmen in etwa ausgleicht?

✔ Falls nicht, wie viel müssen Sie in den einzelnen Phasen monatlich zuzahlen, und können Sie diese Belastung auch tragen?

✔ Ist die Dauer der Zinsbindung auf die Höhe der verlangten Zinsen abgestimmt, und kann das Recht auf Zwischentilgung vereinbart werden?

✔ Mit welchem Anschlußzinssatz rechnen Sie nach Ablauf der ersten Zinsbindungsfrist?

✔ Soll laufend getilgt werden oder ist die Tilgung auf einen Schlag am Ende der vereinbarten Laufzeit sinnvoller?

✔ Welche Instrumente sollen für eine endfällige Tilgung eingesetzt werden (Lebensversicherung, Fondspolice, Wertpapierdepot, Investmentfonds)?

✔ Wie lassen sich bereits vorhandene Sparvorgänge sinnvoll einbauen?

✔ Welche Sicherheiten über den Eintrag in das Grundbuch hinaus werden vom Kreditgeber verlangt (Gehalt, Wertpapiere, Lebensversicherung, Bürgschaft)?

✔ Wie werden die Hinterbliebenen für den Fall abgesichert, daß der Haupternährer während der Finanzierungszeit verstirbt bzw. erwerbsunfähig wird?

Worauf Sie unbedingt achten sollten

Nach dem Kauf müssen Sie sich um Ihr Objekt, dessen Nutzer sowie alle davon betroffenen Parteien (etwa Nachbarn, Stadtverwaltung, Banken, Versicherungen, Handwerker) kümmern. Und zwar über die gesamte Dauer Ihres Investments.

Verwaltungsaufwand
Verschaffen Sie sich einen Überblick über sämtliche Aufgaben, die auf Sie als Besitzer und Vermieter warten. Entscheiden Sie dann, welche Bereiche Sie selbst übernehmen können und bei welchen Sie auf professionelle Hilfe zurückgreifen wollen. Bevor Sie einen Hausverwalter beauftragen, holen Sie Vergleichsangebote ein.

Prüfen Sie, inwieweit sich durch diese Kosten Ihre Mietrendite verschlechtert.

Finanzierung

Hierbei sollten Sie nicht nur Hypotheken-zinsen vergleichen, sondern sich von einem neutralen Berater ein tragfähiges Konzept erstellen lassen. Ein solches zeichnet sich aus durch eine paßgenaue Mischung aus verschiedenen Produkt-bausteinen und Finanzierungsvarianten. Dabei sollten deren Vorteile optimal ge-bündelt und deren Nachteile minimiert werden (siehe Seite 52 „Finanzierungs-konzepte im Vergleich").

Steuern

Wie viel Steuern mußten Sie im vergange-nen Jahr bezahlen? Haben Sie sich schon einmal Ihren persönlichen Steuersatz aus-gerechnet? Können Sie abschätzen, was Ihnen Werbungskosten, Abschreibungen und Finanzierungszinsen aktuell und in Zukunft steuerlich einbringen?

Während der Finanzierungszeit können Sie die Abschreibungen und die Schuld-zinsen mit den Mieteinnahmen steuerlich verrechnen. Bauen Sie die Finanzierung jedoch nicht so knapp auf, daß Sie auf die anfallenden Steuervorteile angewiesen sind. Fließen bereits vorausgezahlte Steuern an Sie zurück, sollten Sie diese nicht verkonsumieren sondern daraus Rücklagen bilden, beispielsweise für Reparaturen oder Zwischentilgungen.

Kalkulieren Sie besser mit einer gewissen Überdeckung und stellen Sie diese Über-schüsse ebenfalls in Ihre Rücklagen ein. Nach dem Ende der Finanzierung ist es vorteilhaft, wenn Sie Ihre Mieteinnahmen niedriger versteuern müssen als heute. Das ist insbesondere nach Ihrem Eintritt in den Ruhestand zu erwarten. Schön ist es ebenfalls, wenn Sie Ihre Immobilie noch eine gewisse Zeit lang abschreiben können, denn dadurch bleibt mehr Geld zu Ihrer Verfügung.

übersicht
Gesetzlich zulässige Mieterhöhungen

Mit der Reform vom 1.9.2001 wurde das Mietrecht im BGB zusammengefaßt (ab § 535). Dort ist beispielsweise die Mieterhöhung folgendermaßen geregelt:

Kappungsgrenze	Innerhalb von drei Jahren darf die Miete um maximal 20 % angehoben werden (vorher 30 %).
Kapitalkosten	Bei steigenden Hypothekenzinsen darf der Vermieter nicht länger die Mehrkosten auf die Miete umlegen.

Ihre künftige Rolle als Vermieter

Möchten Sie möglichst gut mit Ihrem künftigen Mieter auskommen? Halten Sie sich für großzügig und tolerant? Glauben Sie, daß man Streitigkeiten immer gütlich beilegen kann?

Dann müssen Sie jetzt radikal umdenken. Denn Ihr Mieter wird Sie nicht als den Menschen sehen, der Sie sind oder sein möchten. Für ihn sind Sie derjenige, der die Bedingungen diktiert. Der mit seinem Geld das Haus finanziert, ständig meckert und nie erreichbar ist, wenn man ihn wirklich mal braucht. Begraben Sie ein für alle Mal die Hoffnung, der Freund Ihres Mieters sein zu können. Bestenfalls werden Sie sein Partner, der ihn nicht übervorteilt, in jedem Fall aber andere Interessen verfolgt.

Der Mieter würde am liebsten umsonst wohnen, Sie dagegen möchten möglichst oft seine Miete erhöhen. Ideal wäre doch der pünktliche Geldeingang am Monatsersten, auf den Mieter selbst könnten Sie zur Not verzichten.

Mißverstehen Sie das bitte nicht: Eine solche Einstellung dem Mieter gegenüber hat nichts mit persönlicher Ablehnung zu tun. Wenn Sie mit Ihrem Mieter menschlich gut auskommen, ist das für beide Seiten erfreulich. Dann kann man auf jeden Fall besser über Dinge wie etwa die Durchführung und Finanzierung von Schönheitsreparaturen reden und sich gütlich einigen, ohne daß es gleich zur Auseinandersetzung kommt.
Doch ungeachtet dessen sollten Sie Ihre Rolle als Eigentümer und Vermieter akzeptieren und auch wahrnehmen. Sehen Sie in dem Mieter Ihr Pendant im Sinne eines Gegenspielers. Scheuen Sie sich nicht davor, die ortsübliche Miete zu verlangen, und erinnern Sie sich daran, welchen Betrag Sie selbst beim Kauf der Immobilie investiert haben.

wichtig
Gesetzliche Regelungen rund um die Vermietung

BGB §§ 535 bis 580	- das neue Mietrecht
MHRG	- Gesetz zur Regelung der Miethöhe
WKSchG	- Gesetz über den Wohnraumkündigungsschutz
WEG	- Gesetz über das Wohnungseigentum
WoBauG	- Wohnungsbaugesetz
WoBindG	- Wohnungsbindungsgesetz

Waren es beispielsweise 1.500 Euro pro Quadratmeter, dann brauchen Sie auch eine Monatsmiete von 6 Euro pro Quadratmeter (siehe Kasten Seite 33). Schließlich haben Sie Ihre Hypothek abzuzahlen. Bedenken Sie, daß sich eine zu niedrige Anfangsmiete nach deutschem Wohnungsmietrecht kaum nachträglich angemessen erhöhen läßt. Selbst nach einem Mieterwechsel gelten enge gesetzliche Grenzen.

Für die Details des Mietvertrages nehmen Sie am besten den üblichen Vordruck, den Sie in jedem Schreibwarengeschäft bekommen. Zu den darin enthaltenen Bedingungen hat Ihr Mieter wahrscheinlich bisher schon gewohnt und ist deshalb an diese gewöhnt. Zusatzvereinbarungen fügen Sie einfach als Anlage bei.

Erst auf einer klaren vertraglichen Grundlage können Sie Ihr gegenseitiges Mietverhältnis angenehm gestalten. Es hindert Sie auch niemand daran, Ihrem Mieter entgegen zu kommen, wenn Sie dies für richtig halten. Aber bei Streitigkeiten greifen die schriftlich fixierten Vereinbarungen. Machen Sie sich klar, daß beide Seiten bei der Unterzeichnung wußten, worauf sie sich einlassen. Scheuen Sie sich nicht, von Ihren vereinbarten und gesetzlichen Möglichkeiten auch Gebrauch zu machen, insbesondere dann, wenn Ihr Mieter dauerhaft nicht zahlt. Schließlich sind Sie keine Wohlfahrtseinrichtung sondern ein Investor, der eine angemessene Rendite erzielen will.

Kündigung wegen Eigenbedarf

Wie können Sie Ihrem Mieter kündigen? Das kommt auf die Gestaltung des bestehenden Mietvertrag an, besonders auf die Regelungen zur Dauer und zu den Modalitäten einer Kündigung, von Seiten des Mieters wie von Seiten des Vermieters. Im Allgemeinen werden Mietverhältnisse durch entsprechende Bundesgesetze sowie durch Landesgesetze und -verordnungen geregelt (siehe Kasten Seite 43).

Zeitmietverträge

In Verträgen über Miete auf Zeit ist von vornherein festgelegt, wann das Mietverhältnis enden soll. Auf diese Weise erhalten Sie Planungssicherheit. Allerdings ist eine ordentliche Kündigung zwischendurch normalerweise ausgeschlossen

 w i c h t i g

Warten Sie nicht zu lange

Seien Sie vorsichtig mit dem schnellen Verkauf Ihrer selbstgenutzten Immobilie, damit Sie nicht ausziehen müssen, bevor Sie das neue, bisher vermietete Objekt selber nutzen dürfen. Kalkulieren Sie lieber eine gewisse Übergangszeit zwischen Verkauf und Umzug. Es ist besser, Sie verzichten einige Monate auf Mieteinnahmen, als daß Sie sich selbst unter Druck setzen.

Nur wenn der Mieter einen für Sie akzeptablen Nachmieter stellt, kann er vorzeitig aus dem Vertrag aussteigen. Für Sie als Eigentümer dagegen kommt nur eine außergewöhnliche Kündigung in Frage. Im Regelfall endet das Mietverhältnis automatisch nach Ablauf der vereinbarten Frist. Oder es verlängert sich stillschweigend um eine weitere Mietperiode beziehungsweise auf unbestimmte Zeit, wenn nicht einer der Vertragspartner rechtzeitig kündigt. Das sind zwei Monate vor Ablauf des Mietvertrages.

Für Sie als Vermieter ist es wichtig, daß Sie bei Vertragsabschluß bereits besondere Befristungsgründe schriftlich festhalten. Nur dann haben Sie auch wirklich die Chance, aus einem Zeitmietvertrag zur vereinbarten Zeit wieder herauszukommen, vorausgesetzt, die Befristung läuft nicht länger als fünf Jahre. Sind mehr als fünf Jahre vorgesehen, kann Ihr Mieter zwei Monate vor Ablauf der Frist verlangen, daß der Zeitvertrag in einen unbefristeten Vertrag geändert wird, womit er in den vollen Kündigungsschutz gelangt.

Unbefristete Mietverhältnisse

Hier muß zwischen dem Zeitpunkt der Kündigung und dem Auszug eine bestimmte Frist liegen, die von der bisherigen Laufzeit und auch von der Form des Mietvertrages abhängt. Die Kündigung muß immer schriftlich erfolgen und mit einem Kündigungsgrund versehen sein sowie mit dem Hinweis, daß und wie der Mieter der Kündigung widersprechen kann. Entscheidend für die Kündigungsfrist ist, in welchen Abständen die Miete bisher gezahlt wurde. Bei monatlicher Zahlungsweise beträgt die Frist knapp drei Monate, wenn der Mietvertrag weniger als fünf Jahre bestand; sie verlängert sich bis zu knapp einem Jahr bei zehnjähriger oder längerer Mietdauer.

Wenn Sie Ihren Mieter sofort aus der Wohnung haben möchten, können Sie ihm fristlos kündigen. Dies ist aber nur dann zulässig, wenn der Mieter gegen vertragliche Pflichten verstößt oder von Ihrer Seite aus ein „nachweisbarer" Eigenbedarf besteht. Aber auch dann kann der Mieter Ihrer Kündigung widersprechen, so daß Sie auf Räumung klagen und vor Gericht beweisen müssen, daß Ihre Kündigung berechtigt war. Da die Unverletzlichkeit der Wohnung ein Grundrecht darstellt, kommen Sie also letztlich nur mit einem Räumungsurteil weiter.

Eigenbedarf

Um bei der Kündigung wegen Eigenbedarf Mißbrauch auszuschließen, verlangen die Gerichte bei Räumungsklagen genaue Nachweise darüber, wer die Wohnung künftig bewohnen und aus welchen Gründen dies geschehen soll. Sobald Sie absehen können, daß Sie selbst oder nahe Angehörige und auch zum Haushalt zählende Personen die Wohnung innerhalb der nächsten fünf Jahre voraussichtlich benötigen, müssen Sie Ihren Mieter darauf hinweisen, sonst genießt er Vertrauensschutz und kann nicht gekündigt werden.

Dabei müssen Sie vorher nicht erst in Wohnungsnot geraten sein. Als Eigentümer haben Sie das Recht, mit Ihrem Eigentum nach Gutdünken zu verfahren, solange Sie nicht gegen gesetzliche Bestimmungen verstoßen. Stellt sich allerdings nachträglich heraus, daß die Kündigungsgründe nur vorgeschoben wurden, kann der Mieter Ansprüche auf Schadenersatz stellen.

Manchmal helfen auch Geld oder die Vermittlung einer neuen Unterkunft. Manche Mieter spekulieren bewußt auf eine saftige finanzielle Entschädigung oder zeigen sich einsichtig, bevor im Falle einer gescheiterten Kündigung das Mietverhältnis eine Quelle ständiger Auseinandersetzungen zu werden droht.

Der Einzug ins eigene Heim macht erst viel Arbeit, aber dann viel Freude

Drei Angebote habe
ich in die engere
Wahl gezogen. Soweit
ich es beurteilen
kann, sind alle
solide und lassen
eine ordentliche
Rendite erwarten.
Doch wenn ich jetzt
Interesse zeige,
liegen mir sofort
diese gewieften
Verkäufer in den
Ohren. Die werden mir
das Blaue vom Himmel
versprechen und mich
mit Zahlen und Prognosen ködern. Ich möchte
wissen, wie ich denen begegnen kann, wo die
Risiken liegen und welches Angebot wirklich
das Beste für mich ist.

DIE SPREU VOM WEIZEN TRENNEN

Auf der Suche nach Objekten in der Nähe Ihres Wohnortes können Sie sich verschiedener Informationsquellen bedienen:

→ Bauschilder in Neubaugebieten
→ Verkaufsaushänge an Privathäusern
→ Besuch der Immobilienabteilungen von Banken

→ Anschläge über Zwangsversteigerungen beim Amtsgericht
→ Erkundigungen bei Kollegen, Bekannten, Verwandten und Freunden, die selbst eine Immobilie besitzen oder von bevorstehenden Verkäufen wissen,
→ Anzeigen von Bauträgern, Vertrieben oder Maklern in Ihrer Tageszeitung.

Verkaufsprospekte, Referenzen, Gutachten

Sammeln Sie zunächst die wichtigsten Daten über die interessantesten Angebote, damit Sie sich einen ersten Marktüberblick verschaffen können.

Die notwendige Miete bestimmen
Für die Vorauswahl bestimmen Sie zunächst die Untergrenze Ihrer Mietrendite, die Sie erzielen wollen. Ein Beispiel: Sie suchen eine neu erbaute Eigentumswohnung, die nicht mehr als das 20-fache der jährlichen Nettokaltmiete kostet. Dabei würden Sie eine Bruttomietrendite von 5 % pro Jahr erhalten. Lassen Sie sich jeweils die erzielbare oder von einem Bauträger garantierte Miete pro Quadratmeter Wohnfläche im Monat angeben. Die Nettokaltmiete im Jahr errechnen Sie, indem Sie die angegebene monatliche Miete pro Quadratmeter mit der Wohnfläche multiplizieren und danach mal 12 nehmen. Nun teilen Sie den Kaufpreis durch den ermittelten Wert und Sie haben einen ersten Anhaltspunkt für die Preiswürdigkeit des einzelnen Objektes. Manchmal fehlen Angaben über mögliche Mieteinnahmen, da die neu zu errichtenden Eigentumswohnungen auch an Selbstnutzer verkauft werden sollen. In diesem Fall hilft Ihnen ein Blick in die Rubrik „Mietangebote" Ihrer Tageszeitung. Dort können Sie schnell erkennen, welche Mieten in vergleichbaren Gegenden und bei ähnlicher Bauqualität marktüblich sind.

Einen guten Anhaltspunkt bekommen Sie auch aus den örtlichen Mietspiegeln des Mieter- oder Hausbesitzervereins, wobei Sie nach Wohnlage, Baujahr, Ausstattung und Größe der Wohnungen unterscheiden müssen.

Die Details studieren
Studieren Sie Verkaufsprospekte in Ruhe und achten Sie dabei neben den erwähnten Kriterien auch auf die Qualität der verwendeten Baumaterialien, die Angabe des Stockwerkes und der Nutzflächen wie Keller, Waschküche, Dachboden, eventuell vorhandene Nebengebäude wie Garagen oder Fahrradschuppen, Terrassen und Balkons sowie deren Himmelsrichtung, den Abstand zu benachbarten Gebäuden, zur Straße und so weiter.

Sodann vereinbaren Sie einen Besichtigungstermin, um nicht nur das künftige Objekt Ihrer Begierde, sondern auch die dahinter stehenden Personen kennen zu lernen. Gehen Sie dabei wie ein kaufmännisch denkender Profi vor und prüfen Sie vor allem:

→ die nähere und erweiterte Umgebung
→ die Qualität und Aufteilung der Wohnung und
→ die Nutzung innerhalb des Hauses, also die Anzahl der Wohneinheiten sowie das Zahlenverhältnis von Mietern und Eigentümern, die ihre Wohnung selbst nutzen.

beispiel

Ein günstiges Immobilienangebot

Rahmendaten für einen Neubau in guter Lage und hochwertiger Ausstattung:			
Kaufpreis pro qm		2.000,00	Euro
Mieteinnahmen kalt	mtl. pro qm	9,50	Euro
Instandhaltungsrücklage	mtl. pro qm	0,50	Euro
Aufwand für Verwaltung	mtl. pro qm	0,50	Euro
Mieteinnahmen netto	mtl. pro qm	8,50	Euro
Mieteinnahmen netto	jährlich pro qm	102,00	Euro
Mietrendite netto jährlich (ohne Abschreibungen, vor Steuern)		5,1	%

Interessant ist der Vergleich von bereits fertiggestellten Objekten mit den im Prospekt gemachten Aussagen. Stimmt alles überein oder gibt es Abweichungen? Dann lassen Sie sich diese vor allem im Hinblick auf den Kaufpreis begründen.

Stehen Sie auf einem leeren Baugrundstück, sollten Sie sich unbedingt eine Musterwohnung oder ein Referenzobjekt zeigen lassen. Vergewissern Sie sich, daß dieses Objekt in allen wesentlichen Punkten der Immobilie entspricht, die Sie erwerben möchten. Kaufen Sie keine Wohnung aus dem Prospekt!

Insbesondere bei noch im Bau befindlichen Wohnimmobilien müssen Sie den Anbieter genau unter die Lupe nehmen, da eine Baupleite immer mit erhöhten Kosten, Zeitaufwand und Unannehmlichkeiten verbunden ist. Bei größeren

Vorhaben bekommt ein Bauträger erst dann Geld von seiner Bank und kann mit dem Bau beginnen, wenn eine genügende Anzahl von Kaufwilligen vorhanden ist. Bis Ihre Immobilie letztlich steht, kann vielerlei passieren. Der Baufortschritt stockt vielleicht, weil Handwerker ausfallen oder Subunternehmer mit ihren illegal beschäftigten Hilfskräften ins Fadenkreuz der Behörden geraten sind. Und die ganze Zeit müssen Sie schon Kreditzinsen zahlen, ohne Miete einzunehmen. Solche Risiken sollten Sie nicht eingehen.

Den Anbieter auswählen
Nehmen Sie keinen Newcomer, sondern setzen Sie auf eine Firma, die schon länger am Markt ist und gezeigt hat, daß sie ihr Metier beherrscht. In diesem Fall sollten Sie sich frühere Objekte zeigen lassen, mit den Mietern sprechen und möglichst Kontakt zu den Besitzern aufnehmen.

Diese können Ihnen als ehemalige Kunden des Anbieters über die Qualität der Objekte Auskunft geben.

Aufschlußreich sind zudem Aussagen von Banken und Schutzgemeinschaften wie SCHUFA oder CREDITREFORM sowie Spezialinfos vom DEUTSCHEN FINANZDIENSTLEISTUNGS-ZENTRUM in Oberursel, von KAPITAL-MAKT INTERN in Düsseldorf oder dem Bundesverband der VERBRAUCHER-ZENTRALEN in Berlin. Besorgen Sie sich gegebenenfalls auch einen Auszug aus dem Handelsregister und sprechen Sie mit der zuständigen Handelskammer.

 w i c h t i g

Hinter Zahlen stehen Personen

Hinter allen Aussagen zu einer Immobilie, hinter jeder Zahl stehen konkrete Personen, die Ihnen etwas verkaufen möchten. Über diese Personen sollten Sie sich genau informieren, damit Sie einschätzen können, ob Sie es mit seriösen, kompetenten und leistungs-fähigen Partnern zu tun haben.

Die fachliche Kompetenz prüfen

Wenn Sie es zunächst mit reinen Vermitt-lern zu tun haben (Immobilienmaklern, Verkaufs- oder Anlageberatern), prüfen Sie die fachliche Kompetenz und achten Sie bei deren Aussagen auch auf die Zwischentöne. Jeder Vermittler will an Ihnen verdienen, was sein gutes Recht ist. Doch was leistet er dafür? Stellt er Ihnen alle Unterlagen zur Verfügung (Baupläne, Baubeschreibungen, Grundrißzeichnung-en, Berechnung des umbauten Raumes, Auszüge aus Grundbuch und Flurkarte, Kopie der Gebäudeversicherung sowie Rohbau- und Schlußabnahmeschein)? Oder drängt er auf schnellen Abschluß um angeblicher Steuervorteile willen, hat auch gleich eine supergünstige Finanzierung parat oder verzichtet gar großzügig auf seine Provision? Lassen Sie sich nicht täuschen: Der Ver-mittler bekommt immer sein Geld. Der Hinweis „provisionsfrei für den Käufer" bedeutet nur, daß die Courtage bereits in den Kaufpreis eingerechnet ist. Sie bezah-len den Vermittler also in jedem Fall – manchmal doppelt, denn oft kassiert dieser sowohl eine „Innenprovision" als auch eine „Außenprovision". In diesem Fall sind die „weichen" Kosten überhöht, und das drückt das Wertsteigerungs-potenzial Ihrer Immobilie. Verlangen Sie schriftliche Referenzen und prüfen Sie, ob diese von wirklich unabhängigen Stellen abgegeben wurden. Sonst zeigen sie - ebenso wie die meisten Geschäftsberichte und Jahresabschlüsse - nur die Schokoladenseiten.

*Ihr Traumhaus sollte kein Produkt des Zufalls sein
sondern das Ergebnis eines konsequenten Auswahlverfahrens.*

Die Garantien abklopfen

Greifen Sie zu, wenn Ihnen Garantien eingeräumt werden, die Ihre Sicherheit verbessern, zum Beispiel daß der vereinbarte Preis nicht überschritten wird oder Ihre Immobilie zu einem festen Datum fertiggestellt ist. Vorsichtig sollten Sie werden bei Mietgarantien, die auf der Basis überhöhter Einnahmen ausgesprochen werden. Prüfen Sie erstens, ob die prognostizierte Miete ortsüblich erzielbar ist. Checken Sie zweitens, ob der Garantiegeber wirtschaftlich überhaupt in der Lage ist, seine Zusage einzuhalten. Andernfalls laufen Sie Gefahr, nach dem Ende der Mietgarantie empfindliche Abschläge bei Ihren Einnahmen verkraften zu müssen. Ein Wertgutachten für Ihre Immobilie sollten Sie sich ebenfalls genau anschauen und prüfen, welche Annahmen für die Mieteinnahmen zugrunde gelegt wurden. Sachverständige haben nämlich erhebliche Ermessenspielräume, um den Verkehrswert, also den tatsächlichen Wert einer Immobilie, zu gestalten. Lesen Sie auch hier zwischen den Zeilen und achten Sie auf verdächtige Formulierungen wie „vermutlich", „wahrscheinlich", „oftmals" oder „nach gutachterlicher Praxis". Diese sind Indizien dafür, daß sich der Gutachter zumindest nicht sicher zu sein scheint, es sei denn, es folgt eine überzeugende Begründung. Wenn Sie selbst bei der Wertermittlung darauf angewiesen sind, ein Gutachten erstellen zu lassen, müssen Sie dafür mit einem Satz von 0,2 % bis 0,3 % des Schätzwertes rechnen.

Haben Sie den Kaufpreis mit dem Anbieter bereits festgelegt und brauchen Sie das Gutachten nur für die Bank, vereinbaren Sie am besten ein auf diesen Preis bezogenes Pauschalhonorar und freuen Sie sich, wenn der Sachverständige zu einem höheren Schätzwert gelangt. Ist dieser einigermaßen realistisch, können Sie ungefähr die Beleihungsgrenze erkennen, bis zu der Ihnen die Bank maximal ein Hypothekendarlehen gewähren wird. Umgekehrt wissen Sie nun, welchen Eigenanteil Sie voraussichtlich selbst erbringen müssen. Wenn Sie ein neuwertiges Objekt von einem Privatmann erwerben, fragen Sie den Eigentümer, warum er verkaufen möchte. Akzeptieren Sie keine Aussagen wie „umständehalber" oder „aus privaten Gründen". Lassen Sie sich vom Verkäufer insbesondere den Kauf- und Mietvertrag sowie seine Finanzierungsunterlagen zeigen und sprechen Sie dann mit ihm ein offenes Wort. Hat er seinen Job verloren oder sich scheiden lassen? Bei der Finanzierung nicht aufgepaßt? Ärger mit seinem Mieter? Nur wenn alle Fragen zu Ihrer Zufriedenheit ausfallen, sollten Sie in Kaufverhandlungen eintreten.

Finanzierungskonzepte im Vergleich

Möchten Sie eine Immobilie kaufen und die Miete sofort für sich behalten? Dann müssen Sie den Kaufpreis plus Nebenkosten vollständig aus Eigenmitteln aufbringen und brauchen kein Darlehen von der Bank. Wenn Sie dazu in der Lage sind, können Sie diesen Abschnitt getrost überspringen. Unter Renditegesichtspunkten ist es allerdings besser, Sie nehmen reichlich Fremdmittel auf und legen den Rest Ihres Kapitals gewinnbringend in andere Investments an. Denn sonst müssen Sie einen Großteil Ihrer Einnahmen versteuern und hätten Ihr eigenes Geld auf Jahrzehnte blockiert. Richtige Baulöwen machen es anders, wie der „Fall Schneider" zeigt, der mit Krediten in schwindelerregender Höhe ein gewaltiges Immobilienimperium aufbaute. Bis er die größte Pleite in der deutschen Nachkriegsgeschichte hinlegte, weil die Kredite nur zum Teil mit echten Sachwerten abgedeckt waren. Doch bis dahin hatte er bereits ein persönliches Nettovermögen von mehreren hundert Millionen Mark zusammengerafft. Aber keine Angst: Sie sollen beileibe nicht diesen Pleitier nachahmen.

Aufschlußreich ist, wie Jürgen Schneider sein allererstes Projekt anfing. Dabei ging es immerhin um ein Volumen von 25 Millionen Mark. Er verließ sich ganz auf die mündliche Finanzierungszusage eines befreundeten Bankers und unterzeichnete frohgemut den Kaufvertrag. Doch dann wurde die Zusage widerrufen und Herr Schneider hatte ein gewaltiges Problem. Daraus können Sie zweierlei lernen: Erstens muß die Gesamtfinanzierung des Objekts ausgewogen sein, das heißt sie sollte sowohl aus Eigenmitteln als auch aus geliehenem Geld bestehen.

Eine ausschließliche Eigenfinanzierung bringt keine nennenswerte Rendite, und eine hundertprozentige Fremdfinanzierung ist ein höchst riskantes Vorhaben. Zweitens muß die Finanzierung „stehen", bevor die Immobilie gekauft wird. Wer kurzentschlossen das Grundstück erwirbt und sich erst dann nach geeigneten Geldquellen umsieht, gerät unter Zeitdruck und muß Geld zu Konditionen leihen, die ihm die Bank diktiert.

Eigen- und Fremdfinanzierung
Wie sieht das optimale Verhältnis von Eigenkapital und Bankdarlehen aus?

Dazu müssen wir uns mit den Beleihungskriterien der Kreditinstitute beschäftigen. Diese orientieren sich am Wert der Immobilie, wie er sich für das Institut darstellt. Das muß nicht unbedingt der Preis sein, den Sie selbst bezahlt haben. Vielmehr nimmt jede Bank eine eigene Berechnung vor und verleiht ihr Geld normalerweise nur bis zu etwa 80 % des jeweils ermittelten Wertes. Zur Sicherheit läßt sie sich dafür in das Grundbuch eintragen, nimmt also Ihre Immobilie als Pfand. Falls Sie irgendwann nicht mehr den Kredit bezahlen können, kann die Bank Ihre Immobilie versteigern. Dabei rechnet diese damit, daß sie im günstigsten Fall 80 % und im ungünstigsten Fall 50 % des so genannten Beleihungswertes erlösen kann. In der Praxis bedeutet das: Für Darlehen bis zu 50 % des Beleihungswertes zahlen Sie weniger Zinsen als für Kredite von 50 bis 80 %.

Man spricht hier von erstrangigen und zweitrangigen Hypothekenkrediten. Für alles, was Sie darüber hinaus brauchen, erhöhen sich die Zinsen, weil die Sicherheit nicht mehr über die betreffende Immobilie abgedeckt werden kann. Vielmehr verlangt die Bank nun den Nachweis Ihrer persönlichen Bonität (siehe Kasten Seite 55).

Angenommen, Sie möchten die Mieteinnahmen erst in 25 Jahren haben, weil Sie danach in den Ruhestand gehen. Dann könnten Sie das aufzunehmende Fremdkapitals so bemessen, daß

→ der Abtrag für Ihr Darlehen (Zins plus Tilgung) zuzüglich der laufenden Aufwendungen für Ihre Immobilie sich mit Ihren Mieteinnahmen zuzüglich Ihrer Steuervorteile in etwa ausgleicht,

Sie investieren viel Geld. Deshalb sollten Sie auf die fachliche Kompetenz Ihrer Partner achten.

➜ Sie somit auf das Jahr gesehen keine nennenswerte Belastung haben,

➜ Ihr Darlehen bis zum vorgesehenen Zeitpunkt vollständig getilgt ist.

Die Beispielrechnung (im Kasten auf der Seite 56) ergibt mit diesen Vorgaben eine optimale Fremdkapitalquote von zirka 50 %. Können oder wollen Sie nicht den Rest aus Eigenmitteln aufbringen, brauchen Sie weitere Fremdmittel. Dadurch steigt Ihre Belastung und Sie müssen über die gesamte Finanzierungs- dauer laufend zuzahlen.

Zins und Tilgung

Die Ausgaben für Ihre Kredite teilen sich auf in Zinsen und Tilgung. Langfristig kosten Hypothekendarlehen etwa 7 %, getilgt wird anfänglich zwischen 1 % und 2 % pro Jahr.

e x p e r t e n t i p p !

Zwei Grundregeln der Finanzierung

➜ Erst das Finanzielle klären, dann die Immobilie kaufen.
➜ Eigenmittel und Fremdkapital müssen ausgeglichen sein.

Dadurch kommen Sie auf einen jährlichen Abtrag von 8 bis 9 %, bezogen auf die ursprüngliche Darlehenssumme. Diesen müssen Sie im Schnitt 25 bis 30 Jahre aufbringen. Wollen Sie Ihr Darlehen früher zurückgezahlt haben, müssen Sie die Tilgung entsprechend erhöhen.

Sie besitzen also zwei Möglichkeiten, Ihre Finanzierung zu beeinflussen.

➜ Sie wählen den Darlehensgeber mit den niedrigsten Zinsen. Denn diese machen den Hauptteil Ihres Abtrags aus. Dabei sollten Sie niedrige Zinsen so lange wie möglich und hohe Zinsen so kurz wie nötig festschreiben. Im ersten Fall gewin- nen Sie Sicherheit für Phasen steigender Zinsen, im zweiten Fall haben Sie die Chance, bei fallenden Zinsen eine lange Zinsbindungsfrist zu vereinbaren.

➜ Sie verändern die Höhe oder auch die Art der Tilgung, denn dieser Hebel ist der entscheidende, obwohl Ihre Raten an die Bank überwiegend aus Zinsen bestehen.

Wenn Ihr Hauptinteresse darin besteht, die Monatsbelastung zu senken, sollten Sie den Tilgungssatz auf 1 % reduzieren. Ganz mit der Tilgung auszusetzen ist nicht ratsam, weil Sie damit die Laufzeit Ihres Kredites verlängern. Dafür vermin- dern Sie zwar die laufende Rate an die Bank, doch Sie verteuern im Endeffekt Ihre Gesamtbelastung erheblich.

Darlehen zur Finanzierung von Immobilien können Sie bekommen von:

➔ Geschäftsbanken, die Ihnen auch Kredite über den zweiten Rang hinaus gewähren (wofür meist Ihre Hausbank in Frage kommt),

➔ Hypothekenbanken, die sich nur mit Immobilienfinanzierungen befassen und deren Darlehen für den ersten Rang günstiger sind als bei den Geschäftsbanken,

➔ Versicherungsgesellschaften, die nur knapp den ersten Rang finanzieren dürfen. Hierbei liegen Sie zwar einen halben bis ganzen Prozentpunkt unter dem Zinssatz der Banken, müssen aber für die Tilgung meist eine kapitalbildende Lebensversicherung abschließen.

Rückzahlung des Darlehens
Wenn Sie sich weniger dafür interessieren, wie hoch Ihr laufender Abtrag ist, sondern dafür, wie lange Sie diesen Abtrag bezahlen müssen und was Sie die gesamte Finanzierung letztlich kostet, vor allem nach Steuern, sind die Zinsen allein nicht ausschlaggebend.
Entscheidend ist vielmehr, auf welche Art Sie Ihren Kredit zurückbezahlen! In der Praxis gibt es dafür zwei Modelle: die Tilgungshypothek und die Festhypothek.

Tilgungshypothek
Hierbei starten Sie mit fest vereinbarten Zinsen und tilgen anfangs einen kleinen Prozentsatz vom Darlehen pro Jahr.

 **checkliste**

Persönliche Bonität

✔ ein regelmäßiges, relativ hohes Einkommen?

✔ einen sicheren Arbeitsplatz?

✔ Immobilienbesitz, den man beleihen könnte?

✔ ein Wertpapierdepot?

✔ Bankguthaben?

✔ Lebensversicherungen mit hohemTodesfallschutz und guten Rückkaufswerten?

✔ Bürgschaften der Eltern?

✔ keine negativen Einträge bei der SCHUFA?

Ihr Abtrag bleibt für die Dauer der Zinsfestschreibung stets gleich hoch, nur das Verhältnis von Zins und Tilgung verändert sich. Die Jahresraten heißen Annuität, daher wird diese Form auch Annuitätische Hypothek genannt.

Vorteil:
➔ Die Restschuld wird immer geringer.

Nachteile:
➔ Die Gesamtlaufzeit ist ungewiß.
➔ Sie haben immer weniger Zinsen zur steuerlichen Verrechnung mit Ihren Mieteinnahmen.

b e i s p i e l
50 % Fremdkapital sind optimal

Angenommen, Sie wollen in 25 Jahren in den Ruhestand treten, und danach brauchen Sie die Mieteinnahmen zur Aufstockung Ihrer Rente. Dann müssen Sie Ihre Hypothek innerhalb von 25 Jahren komplett abtragen. Bis dahin möchten Sie keine Zuzahlungen leisten. Ihre laufenden Einnahmen und Ausgaben sollen sich also in etwa ausgleichen. Ihr Grenzsteuersatz beträgt in diesem Beispiel 30 %.

Einnahmen:	Kaltmiete		pro Jahr	4,5 %
	Abschreibung		pro Jahr	2,0 %
Ausgaben:	Hypothekenzinsen		pro Jahr	7,5 %
	Anfangstilgung		pro Jahr	1,5 %
	Laufende Kosten		pro Jahr	0,5 %

| Kaufpreis: | | | 100.000 Euro |
| Fremdkapital: | | | 50.000 Euro |

Steuerliche Betrachtung:

Mieterträge	+		4.500 Euro
Zinsen	-		3.750 Euro
Kosten	-		500 Euro
Abschreibung	-		2.000 Euro
Ergebnis (steuerlicher Verlust)	-		1.750 Euro

Laufende Einnahmen: +   5.000 Euro

| Kaltmiete | 4,5 % | auf | 100.000 Euro | 4.500 Euro |
| Steuervorteil | (1.750 x 30 %) | ca. | | 500 Euro |

Laufende Ausgaben: -   5.000 Euro

Zinsen	7,5 %	auf	50.000 Euro	3.750 Euro
Tilgung	1,5 %	auf	50.000 Euro	750 Euro
Kosten	0,5%	auf	100.000 Euro	500 Euro

Fazit: Wenn Sie für den Kaufpreis (ohne Nebenkosten) zur Hälfte Fremdmittel einsetzen, gleichen sich bei „Normalfällen" wie diesem die laufenden Einnahmen in etwa aus mit den laufenden Ausgaben.

Festhypothek

Statt regelmäßig zu tilgen, können Sie das Darlehen auch am Schluß der Laufzeit in einer Summe zurück zahlen. Dies nennt man endfällige Tilgung. Dafür stecken Sie den Betrag, der sonst für die laufende Tilgung an Ihr Kreditinstitut geht, in ein renditestarkes Investment. So sammeln Sie die Summe an, mit der Sie später auf einen Schlag tilgen. Ihre Belastung ist die Gleiche wie bei der Tilgungshypothek.

Vorteile:

➜ Sie können steuerlich mehr absetzen, da die Zinsen stets konstant bleiben.

➜ Sie verkürzen die Laufzeit Ihres Darlehens, sobald Sie mit Ihren Sparraten einen höheren Ertrag erzielen als Sie die vereinbarten Schuldzinsen kosten.

Nachteile:

➜ Eine zwischenzeitliche Erhöhung der Zinsen wirkt sich stets auf die volle Darlehenssumme aus.

➜ Sie sind abhängig von der Rendite Ihres Sparvorganges.

Welche Variante ist nun günstiger für Sie? Unter normalen Umständen die Festhypothek, denn

➜ Die Hypothekenzinsen liegen langfristig niedriger (etwa 7 % jährlich) als der Ertrag renditestarker Investments (zirka 10 % jährlich bei internationalen Aktienfonds oder auch bei Fonds für Immobilienaktien).

➜ Ihre Steuervorteile können je nach Finanzierungsdauer und persönlichem Steuersatz bis zu 50 % höher liegen als bei der Tilgungshypothek.

➜ Sie haben die Chance, die Laufzeit Ihrer Finanzierung entscheidend zu verkürzen und damit viele Zinsen zu sparen.

➜ Sie können bei gleichem Aufwand ein größeres Guthaben aufbauen, als Sie später zur Tilgung brauchen.

Sie können auch beide Varianten mischen, indem Sie für die erste Hypothek (die mit den niedrigeren Zinsen) eine endfällige Tilgung vereinbaren. Und die teurere zweitrangige Hypothek tilgen Sie annuitätisch. Dieser Mix hat sich insbesondere für Paare mit unterschiedlicher

Risikoneigung bewährt, von denen der eine Partner es schätzt, daß ein Teil der Schulden ständig abnimmt, während sich der andere über die gesparten Steuern freut.

Und was ist mit dem bekannten und beliebten Bausparen, das bereits im Zusammenhang mit staatlichen Vergünstigungen angesprochen wurde? Das zinsgünstige Bauspardarlehen darf nur für das selbstgenutzte Eigenheim verwendet werden, nicht jedoch für die vermietete Immobilie.

 a c h t u n g

Finanzierung über Lebensversicherungen

Nur wenn Sie eine bereits vorhandene Kapitalbildende Lebensversicherung in Ihre Finanzierung einbringen können, sollten Sie diese Variante in Erwägung ziehen, da sich dadurch Ihr Abtrag nicht erhöht. Als Tilgungsinstrument ist diese jedoch verhältnismäßig renditeschwach, weshalb Sie in diesem Zusammenhang von einem Neuabschluß Abstand nehmen sollten.

Finanzierungskonzepte im Vergleich

Beispiel:	**Tilgungshypothek**
Zinsen:	= 8 % pro Jahr (stets gleichbleibend)
Anfangstilgung:	= 2 % pro Jahr

Abtrag:	= 10 % pro Jahr	**Laufzeit:**	= 21,0 Jahre

Beispiel:	**Festhypothek**
Zinsen:	= 8 % pro Jahr (stets gleichbleibend)
Sparplan:	= 2 % pro Jahr (mit 10 % Ertrag pro Jahr nach Steuern)

Aufwand:	= 10 % pro Jahr	**Laufzeit:**	= 18,5 Jahre

Tilgungshypothek   Festhypothek

|--------------- 8 % ---------------|--- 2 % ---| |--------------- 8 % -------------| |--- 2 % ---|

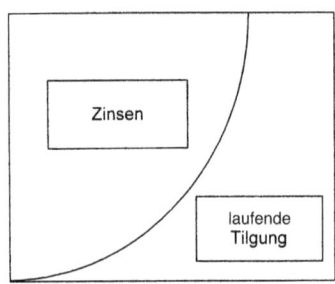

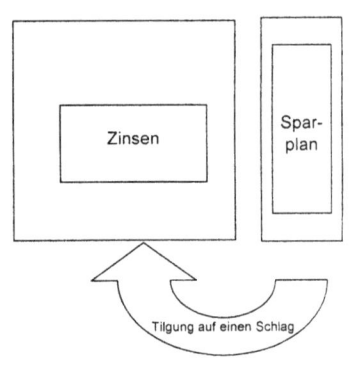

Gesamtkosten:

Tilgungshypothek:	=	10 % x 21,0 Jahre	= 210 %
Festhypothek:	=	10 % x 18,5 Jahre	= 185 %

davon Zinsen:

Tilgungshypothek:	=	210 % minus 100 % Tilgung	= 110 %
Festhypothek:	=	8 % x 18,5 Jahre	= 148 %

Mögliche Vorteile einer Festhypothek in diesem Beispiel:
- Die Laufzeit ist um 2,5 Jahre kürzer bei gleicher Belastung pro Jahr.
- Die Einsparung beträgt etwa ein Viertel der Darlehenssumme.
- Bei gleicher Belastung kann rund ein Drittel mehr an Zinsen steuerlich geltend gemacht werden, obwohl die Laufzeit kürzer ist.

Drum prüfe, wer sich lange bindet

Haben Sie bereits Ihren Lebenspartner gefunden und sind mit ihm glücklich? Dann kennen Sie ja die Regeln für ein langfristig erfolgreiches Engagement. Sie selbst haben es in der Hand, ob sich Ihre vermietete Immobilie zur guten Partie entwickelt oder zum ungeliebten Mauerblümchen verkommt. Gehen Sie dabei in folgenden Schritten vor:

Schritt 1 - Wählen Sie einen Standort, den Sie beurteilen können

Die Lage entscheidet über die langfristige Rendite Ihrer Immobilie. Sie zu beurteilen fällt im Umkreis Ihres Wohnsitzes am leichtesten, weil Sie sich dort auskennen. Finden Sie kein geeignetes Angebot, müssen Sie für andere Lagen jeweils erneut eine Standortanalyse durchführen.

Schritt 2 - Besichtigen Sie das Objekt Ihrer Wahl mehrmals

Lassen Sie sich Zeit, um die Immobilie und ihr Umfeld zu erkunden. Nehmen Sie am besten eine sachkundige Person Ihres Vertrauens mit. Sprechen Sie mit den Nachbarn. Kommen Sie nicht nur bei Sonnenschein, sondern auch bei Regen, nichts nur tagsüber, sondern auch abends oder nachts, und spüren Sie der Frage nach: Wird sich mein Mieter hier wohl fühlen?

Schritt 3 - Prüfen Sie, ob der Preis angemessen ist.

Bauqualität, Alter, Zuschnitt und Ausstattung fließen in die Ermittlung des Verkehrswertes ein. Entscheidend ist jedoch der Ertragswert Ihrer vermieteten Immobilie auf der Basis der dauerhaft erzielbaren Miete. Sie müssen also wissen, welche Einnahmen Sie voraussichtlich erzielen, um den Preis beurteilen zu können.

Schritt 4 - Verhandeln Sie hart und senken Sie so Ihren Einstandspreis.

Was ist eine Immobilie wert? Letztlich genau so viel, wie dafür bezahlt wird. Der Verkäufer hat meist nur eine ungefähre Vorstellung und macht Ihnen im Grunde zunächst nur ein Angebot, wenn er einen Preis nennt. Egal, was ein Wertgutachten oder eine Schätzung ergeben mag, für Sie ist letztlich ausschlaggebend: „Wie viel Miete nehme ich ein im Verhältnis zu dem, was ich insgesamt bezahlt habe?"

Schritt 5 - Finanzieren Sie optimal.

Lassen Sie sich von einer neutralen Person beraten und ein maßgeschneidertes Gesamtkonzept ausarbeiten. Stellen Sie sicher, daß Ihnen keine Fallstricke drohen und Sie Ihr Darlehen notfalls auch mit geringeren Mieteinnahmen bedienen können.

Schritt 6 - Rechnen Sie richtig.

Vergessen Sie bei der Ermittlung Ihrer Rendite nicht die Nebenkosten beim Erwerb, eventuell von Ihnen vorzunehmende Reparaturen sowie Ihre laufenden Aufwendungen. Beziehen Sie die erwartete Wertsteigerung nur dann mit ein, wenn Sie einen Wiederverkauf planen. Ein Wertzuwachs, der niemals realisiert wird, ist nur eine fiktive Größe. Legen Sie nicht nur die ersten Jahre zugrunde, sondern die gesamte Dauer Ihres Investments.

Schritt 7 - Prüfen Sie den Kaufvertrag.

Vor der Unterzeichnung durch einen Notar gehen Sie am besten mit Ihrem Rechtsanwalt die einzelnen Punkte durch.

Prüfen Sie, ob der notarielle Kaufvertrag Ihre Vorstellungen sowie mündlich getroffene Vereinbarungen korrekt beinhaltet.

Schritt 8 - Wählen Sie Ihren Mieter sorgfältig aus.

Wenn Sie vor Ort vermieten, können Sie am ehesten beurteilen, was Ihnen ein Mietinteressent erzählt. Wichtig für Sie: Wo hat er vorher gewohnt? Wie hoch war dort seine Miete? Weshalb will er umziehen? In welcher Firma arbeitet er? Sind künftig berufliche oder familiäre Veränderungen geplant (Jobwechsel, Kinder)? Entscheiden Sie sich für den Mieter, der Ihnen voraussichtlich pünktlich die Miete zahlt und möglichst wenig Arbeit und Ärger macht.

vergleich
Tilgungsinstrumente bei einer Festhypothek

Tilgungsinstrument	Vorteile	Nachteile
Kapitalbildende Lebensversicherung	nach 12 J. steuerfreie Ablaufleistung	relativ niedrige Rendite
	günstiges Darlehen im 1. Rang von der Versicherung	nur 2,75 % garantierte Verzinsung (ab 1.1.2004)
	Todesfallschutz	Ablaufleistung evtl. zu gering
Fonds für Immobilienaktien	Rendite langfristig ca. doppelt so hoch wie bei der KLV	schwankende Wertentwicklung
	Zuzahlung jederzeit möglich (etwa im Kurstal)	Todesfall muß extra abgesichert werden
	Chance auf Verkürzung der Laufzeit	aktive Steuerung erforderlich zum Ende der Laufzeit

b e i s p i e l

Berechnung der erzielten Wertsteigerung

Ihnen wird heute für Ihre Immobilie geboten	500.000,00	Euro
Sie haben vor 20 Jahren selbst bezahlt	300.000,00	Euro

Wie hoch wäre die jährliche Wertsteigerung im Falle eines Verkaufs?

Tipp:

Benutzen Sie einen Renditerechner aus dem Internet (z.B. www.metier2001.de).

Geben Sie folgende Werte in die freien Felder ein:

Einmaleinlage	300 000,00	Euro
Monatliche Sparrate	0,00	Euro
jährliche Steigerung der monatl. Sparrate	0,00	%
Laufzeit	20	Jahre
Rendite pro Jahr	?	%
Ausgabeaufschlag (auf die Sparrate)	0,00	%
Ablauferwartung	500 000,00	Euro

Ergebnis:

Bei einem Erlös von 501 266 Euro beträgt die Wertsteigerung 2,60 % pro Jahr.

Schritt 9 - Kaufen Sie niemals allein aus steuerlichen Gründen.

Wenn Sie eigentlich gar nicht vor hatten, eine Immobilie zu erwerben, sollten Sie dies auch nicht wegen der Steuern tun. Ihre Freude über die anfänglichen Steuervorteile währt nur kurz und wiegt ständigen Ärger oder zu niedrige Mieteinnahmen auf Dauer nicht auf. Ihre Immobilie muß sich wirtschaftlich rechnen. Dann können Sie Steuervorteile gern als zusätzliches Bonbon mitnehmen.

Schritt 10 - Verkaufen Sie günstig.

Immer wenn der Mieter wechselt, sollten Sie prüfen, welchen Verkaufspreis Sie erzielen könnten. Diesen setzen Sie dann zu Ihrem Einstandspreis ins Verhältnis und ermitteln den bisherigen Wertzuwachs pro Jahr. In Zeiten, in denen Immobilien allgemein teuer gehandelt werden, fragen Sie Ihren Mieter, ob er das Haus oder die Eigentumswohnung kaufen möchte. Oder bieten Sie ihm Geld, damit er auszieht und Sie günstig verkaufen können.

Der Anfang war etwas stressig. Aber nun ist alles unter Dach und Fach. Den Preis konnte ich noch etwas drücken, die Finanzierung ist günstig, und ich habe einen ordentlichen Mieter gefunden. Jetzt bin ich Eigentümerin einer Immobilie, was ich mir vor einigen Jahren noch gar nicht hätte vorstellen können. Aber heute kann ich sagen: Es ist ein wirklich gutes Gefühl. Doch als Investorin will ich auch genau wissen: Wie hoch ist mein Ertrag wirklich? Nur zur Beruhigung.

WIE SIEHT IHRE RENDITE WIRKLICH AUS ?

Das Wort „Rendite" leitet sich ab vom italienischen „rendere", was so viel bedeutet wie „zurückgeben".

Was also gibt Ihnen Ihre Immobilie zurück?

Sie können natürlich den jährlichen Ertrag in Euro oder Prozent ausrechnen, aber was bedeutet Ihnen dies emotional? Freuen Sie sich über eine ordentliche Rendite, aber bedenken Sie, daß diese Zahlen nur ein Teil dessen sind, was Sie insgesamt erwarten:

→ den Stolz, eine schöne Immobilie Ihr Eigen nennen zu können,

→ die Sicherheit, die ein inflationsgeschützter Sachwert bietet,

→ die Erkenntnis, sich richtig entschieden zu haben,

→ das Ansehen, das Sie deswegen unter Freunden, Verwandten und Kollegen genießen,

→ die Gewißheit, im Ruhestand entschuldet zu sein und Ihre Rente aufstocken zu können,

→ die Zufriedenheit, Ihrer Familie etwas Handfestes zu hinterlassen.

Rendite ist also nicht alles, aber möglichst hoch sollte sie schon sein. Wollen Sie Ihre eigene Rendite ermitteln, müssen Sie zwischen einzelnen Zeitabschnitten unterscheiden: Die Phase der Investition, die Phase der Bewirtschaftung und die Zeit, ab der Ihre Immobilie entschuldet ist.

So machen Sie beim Einkauf Gewinn

Haben Sie eine Immobilie gefunden, die Ihnen perfekt erscheint? Wunderbar, aber halten Sie ruhig weiter die Augen auf, denn bis Sie nicht im Grundbuch (siehe Seite 38) stehen, gilt: Es gibt immer vergleichbare oder sogar noch bessere Angebote ! Vermeiden Sie jeglichen Entscheidungsdruck und lassen Sie sich ausreichend Zeit, denn schließlich geht es um viel Geld. Der endgültige Preis hängt davon ab, ob Sie:

→ einen Makler bezahlen müssen

Da es sich immerhin um 4 bis 6 % des Kaufpreises handelt, fragen Sie den Verkäufer, ob er sich die Provision mit Ihnen teilt, was in einigen Bundesländern ohnehin üblich ist. Können Sie nachweisen, daß Sie das Objekt bereits kannten, bevor der Makler ins Spiel kam, brauchen Sie überhaupt nichts zu bezahlen.

→ Ihre Immobilie direkt vom Bauträger, von einem Finanzvertrieb oder von einer Privatperson erwerben bzw. selbst als Bauherr fungieren wollen.

Bauträger können günstigere Preise als Finanzvertriebe anbieten, da die zusätzliche Provision entfällt. Wenn Sie als Bauherr entsprechend geschickt mit Lieferanten und Handwerkern verhandeln und bereit sind, eine niedrigere Ausstattung ohne deutlichen Komfortverzicht zu wählen, eröffnen sich Ihnen so manche Sparpotenziale. Benötigt Ihr Objekt wirklich einen Keller oder kann die Heizungsanlage nicht auch unter dem Dach beziehungsweise in einem zusätzlichen kleinen Außenraum untergebracht werden? Läßt sich die Garage nicht auch durch einen Carport ersetzen? Können Sie vielleicht die Dachgauben weglassen und stattdessen Dachflächenfenster einbauen?

→ mit hohen oder niedrigen Zinsen finanzieren.

Wenn das allgemeine Zinsniveau rückläufig ist und Sie keine Eile haben, vertagen Sie Ihre Kaufentscheidung ruhig eine gewisse Zeit, bis Sie niedrigere Zinsen langfristig festschreiben können.

→ von jemandem kaufen, der unter finanziellem Druck steht.

Insider schätzen, daß Privatpersonen beim Verkauf ihrer Immobilie bis zu 30 % im Preis herunter gehen, wenn der Käufer geschickt verhandelt. Dazu gehört, daß Sie vor allem eine gute Verhandlungsathmosphäre aufbauen, sich aber nie zu sehr an dem Objekt interessiert zeigen sollten. Bringen Sie kleinere Bedenken zuerst an, da sich der Verkäufer bei diesen am ehesten kompromißbereit zeigen wird. Gehen Sie danach Schritt für Schritt auf evtl. vorhandene größere Mängel ein und geben Sie dem Verkäufer in mehreren Verhandlungsrunden Gelegenheit, von seiner ursprünglichen Preisvorstellung Abschied zu nehmen. Führt er die große Zahl von angeblichen Interessenten ins Feld, erfragen Sie ruhig deren Preisangebote. Liegen diese weit über Ihren eigenen Vorstellungen, sollten Sie abwarten, ob nicht der Verkäufer doch noch weitere Annoncen schaltet. Dann haben Sie so gut wie gewonnen.

→ sich im Frühling oder im Herbst entscheiden.

Gerade dieser Punkt macht deutlich, daß bei Geldgeschäften das Gefühl eine große Rolle spielt. Tatsächlich fallen die meisten Kaufentscheidungen im Frühjahr, wenn die ersten Sonnenstrahlen die Phantasie beflügeln. Besichtigungen finden das ganze Jahr über statt, aber gekauft wird meist zwischen März und Juni. Professionelle Anbieter wissen um diesen Zusammenhang und richten nicht selten Ihre Preise danach aus. Kaufen Sie also Ihr Sommerhaus besser im Winter.

So umschiffen Sie mögliche Klippen

Konnten Sie den Kaufpreis noch kräftig herunter handeln und stehen kurz vor der endgültigen Entscheidung? Dann ist schnelles Handeln angesagt. Im Idealfall ziehen Sie jetzt die Finanzierungszusage Ihrer Bank aus der Tasche und vereinbaren einen Termin beim Notar, damit Ihnen kein anderer Interessent im letzten Moment zuvor kommt.

Damit in den nächsten Jahrzehnten alles gut geht, achten Sie auf folgende Dinge:

Das richtige Finanzierungskonzept
Wurde es von einem ausgewiesenen, unabhängigen Fachmann erstellt oder von einem interessengebundenen Anbieter? Enthält es komplette und korrekt berechnete Zahlen? Umfaßt es den gesamten Zeitraum bis zur vollständigen Entschuldung?

Ein eigenes Haus im Grünen!
Damit Ihr Traum Wirklichkeit wird, sollten Sie die Finanzierung sorgfältig aufbauen.

Der richtige Darlehensvertrag

Sind alle Vorgaben aus Ihrem Finanzierungskonzept enthalten oder mußten Sie Zugeständnisse bei den Konditionen machen? Wie wirken sich diese auf Ihre Liquidität aus?

Die richtige Laufzeit

Haben Sie sichergestellt, daß zum geplanten Zeitpunkt auch wirklich alle aufgenommenen Fremdmittel zurück gezahlt sind? Können oder wollen Sie zwischentilgen?

Der richtige Abtrag

Können Sie Zins und Tilgung langfristig bedienen? Stehen Ihnen Rücklagen oder weitere Einkommensquellen zur Verfügung, um vorübergehende Mietausfälle abzufangen?

Die richtige Zinsbindung

Haben Sie niedrige Zinsen langfristig fest-
geschrieben, vielleicht auf 15 Jahre? Dann
haben Sie nach Ablauf von zehn Jahren
einseitig das Recht, aus Ihrem Vertrag
auszusteigen, wenn das Zinsniveau zu
diesem Zeitpunkt niedriger liegen sollte
als heute. Konnten Sie bei hohen Zinsen
eine Laufzeit von nur einem oder zwei
Jahren wählen?

Der richtige Tilgungsplan

Umfaßt dieser die gesamte voraussicht-
liche Laufzeit? Orientiert sich der unter-
stellte Anschlußzinssatz nach Ablauf der
ersten Bindungsfrist an realistischen
Durchschnittswerten? Wird jeweils ein
neuer Tilgungsplan erstellt, sobald sich
das Verhältnis von Zins und Tilgung
ändert, wenn eine Bindungsfrist ausläuft
oder wenn Sie einen Teil des Darlehens
zwischenzeitlich ablösen?

Die richtige Tilgung

Tilgen Sie laufend oder haben Sie zumindest für die erste Hypothek eine endfällige
Tilgung vereinbart (siehe Seite 52
„Finanzierungskonzepte im Vergleich")?
Konnten Sie ein Tilgungsinstrument mit
hoher durchschnittlicher Rendite einsetzen
oder mußten Sie eine klassische
Lebensversicherung abschließen?
Sind bereits vorhandene Sparprogramme
in die Tilgung einzubauen? Müssen Sie
zusätzliche Sicherheiten stellen, falls Ihr
anzusparendes Guthaben zwischendurch
oder zum Ende der Laufzeit nicht
ausreichen sollte?

Die richtige Absicherung

Stehen im Todesfall und bei Erwerbsunfähigkeit des Hauptverdieners ausreichend Mittel zur Verfügung, mit denen die
Hinterbliebenen das Darlehen ablösen
beziehungsweise weiterhin ständig
bedienen können (siehe Kasten Seite 67)?

Die richtige Steuerstrategie

Können Sie Ihren persönlichen Steuersatz
in Zukunft realistisch einschätzen und die
sich daraus ergebenden Vorteile einigermaßen korrekt beziffern? Haben Sie sich
vorgenommen, etwaige Steuererstattungen
nicht gleich wieder auszugeben, sondern
als zusätzliche Sicherheitsrücklage für
Mietausfälle und von Zeit zu Zeit notwendig werdende Modernisierungen,
Reparaturen oder Renovierungen
anzusammeln?

Der richtige Mietvertrag

Sieht das Mietverhältnis eine Befristung
beziehungsweise eine gestaffelte
Steigerung der Miete vor? Werden Sie
möglichen Eigenbedarf rechtzeitig
anmelden? Gehört es zu den Pflichten
des Mieters, kleinere Reparaturen und
möglichst viele Reinigungsarbeiten selbst
zu übernehmen?

Die richtige Verwaltung

Wollen Sie alles selbst übernehmen
oder nicht besser eine preisgünstige,
zuverlässige Firma beauftragen?
Sind die Kosten dafür angemessen oder
zehren diese zu sehr an Ihrer Mietrendite?

So schützt Sie Ihr Sachwert vor der Inflation

Soll Ihnen Ihr Mieter später einmal die Rente aufbessern? Dann müssen Sie bis dahin unbedingt die Finanzierungsphase abgeschlossen haben. Prüfen Sie daher fünf bis zehn Jahre vor dem Eintritt in Ihren Ruhestand, wann die Zinsbindung ausläuft und vereinbaren Sie die neue Bindungsfrist exakt bis zu diesem Datum

Wenn Sie laufend tilgen, lassen Sie sich vor der letzten Zinsfestschreibung auch die Höhe Ihrer Restschuld ausrechnen. In Abhängigkeit vom neu vereinbarten Zinssatz können Sie nun genau bestimmen, welchen Tilgungssatz Sie für die restliche Laufzeit aufbringen müssen, um rechtzeitig alle Schulden los zu sein (siehe Tabelle Seite 69).

Haben Sie die Tilgung auf einen Schlag am Ende der Gesamtlaufzeit vereinbart, sollten Sie fünf bis zehn Jahre vorher Ihr angesammeltes Guthaben überprüfen.

Wenn Sie mit einer Lebensversicherung tilgen wollen, erkundigen Sie sich nach der voraussichtlichen Ablaufleistung zu Beginn Ihres Ruhestandes. Fällt diese zu niedrig aus, müssen Sie die letzten Jahre noch zusätzlich Kapital aufbauen.

Wenn Sie einen Aktienfonds zur Tilgung verwenden wollen, beobachten Sie rechtzeitig dessen Wertentwicklung. Sichern Sie sich nach einer Boomphase das hohe

expertentipp!
Restschuldversicherung für Ihre Tilgungshypothek

Wenn Sie laufend tilgen, verringert sich die Restschuld Ihres Darlehens ständig. Für die Absicherung Ihrer Familie im Falle Ihres Todes empfiehlt sich eine Risikolebensversicherung mit ständig fallender Versicherungssumme – entsprechend Ihres Tilgungsplans. Vorteil: Die Prämie ist günstiger als bei einer Absicherung in stets gleichbleibender Höhe.

Kursniveau, indem Sie spätestens fünf Jahre vor der geplanten Entschuldung in einen Fonds mit gleichmäßigem Kursverlauf wechseln. Ist das nicht möglich, sollten Sie Ihren Fehlbetrag ausrechnen und Ihren Sparplan entsprechend erhöhen. Diese Maßnahmen werden dafür sorgen, daß Ihnen mit dem Beginn Ihres Ruhestandes die Mieteinnahmen in voller Höhe zur Verfügung stehen. Unter dem Strich werden diese allerdings durch die laufenden Aufwendungen und die anteilige Einkommensteuer geschmälert. Doch werden Ihre Mieteinnahmen im Laufe der Jahre ansteigen und Sie damit vor der ständigen Geldentwertung schützen.

Wenn Sie später selbst in das Haus oder die Wohnung einziehen möchten, sollten Sie dafür sorgen, daß der Mieter rechtzeitig auszieht und eine Regelung für Ihr bisheriges Wohneigentum finden (siehe Kasten auf Seite 44).

Machen Sie sich Sorgen, daß Sie im Rentenalter vielleicht höhere Einnahmen brauchen als Ihnen die Vermietung einbringen wird? Dann rechnen Sie die Anfangsmiete auf die Jahre hoch, indem Sie die durchschnittliche Inflationsrate zugrunde legen (siehe Kasten Seite 61). Reicht die ermittelte Miete voraussichtlich nicht aus, müssen Sie Ihr Objekt dann wieder verkaufen. Denn nur so können Sie dessen Wertsteigerung realisieren. Dabei müssen Sie Folgendes beachten:

Der künftige Verkehrswert

Besitzen Sie einen Neubau, so mindern Sie rechnerisch Ihren Einkaufspreis um 20 %, die den „weichen" Kosten entsprechen sollten. Den reduzierten Preis lassen Sie dann um die jährliche Inflationsrate ansteigen. Bei einem Altbau multiplizieren Sie am besten die ermittelte Endmiete mit dem Faktor 15 oder 16. Die errechneten Beträge können Sie in normalen Marktzeiten erwarten. Sie sollten jedoch wenn irgend möglich versuchen, den Immobilienmarkt in einem Preishoch zu erwischen.

Die Spekulationsfrist

Hier geht es darum, ab wann Sie Ihre Immobilie wieder veräußern können, ohne den Wertzuwachs versteuern zu müssen.

Bis Ende 1998 genügte dazu eine Haltefrist von zwei Jahren, seither müssen Sie zehn Jahre warten. Ausgenommen von dieser Regelung sind, anders als früher, selbst genutzte Immobilien. Hier müssen Sie die weitere Entwicklung genau verfolgen und beim Verkauf berücksichtigen.

Der gewerbliche Grundstückshandel

Davon sind Sie betroffen, wenn Sie im Laufe weniger Jahre mehrere Immobilien verkaufen. Stellt das Finanzamt diesen Tatbestand fest, müssen Sie Ihren Veräußerungsgewinn versteuern. Die Behörde geht von diesem Fall aus, wenn Sie von vornherein die Absicht zum Verkauf hatten. Da dies jedoch schwer nachzuweisen ist, wurde in der Rechtsprechung festgelegt, daß Sie nicht mehr als drei Objekte innerhalb von fünf Jahren veräußern dürfen, ohne den Gewinn versteuern zu müssen. Auch hier bleiben Änderungen abzuwarten.

Die Liebhaberei

So sympathisch dieser Begriff klingt: Die Einstufung als „Liebhaber" ist für Sie steuerlich das Schlimmste, was Ihnen passieren kann! Dabei geht das Finanzamt davon aus, daß Sie auf Dauer betrachtet gar nicht die Absicht hatten, Einkünfte mit Ihrer Investition zu erzielen. Zum Glück sind Sie aber nicht mehr wie früher in der Beweispflicht, vielmehr muß die Finanzverwaltung seit einem erfreulichen Grundsatzurteil aus dem Jahre 1997 Ihnen den so genannten Gestaltungsmißbrauch nachweisen.

b e i s p i e l

Tilgungsdauer von Annuitätendarlehen

Wenn Sie bei einem gleich bleibenden Zinssatz von 7 % pro Jahr die jährliche Tilgungsrate von anfänglich 1 % auf 2 % verdoppeln, verkürzen Sie die Laufzeit Ihrer Finanzierung um 8,5 Jahre.

Tilgungs-satz in % pro Jahr	Nominalzinssatz						
	5 %	5,5 %	6 %	6,5 %	7 %	7,5 %	8 %
1	36,260	34,346	33,144	32	30,263	29,213	28,198
2	25,245	24,249	23,285	22,353	22,83	21,195	20,328
3	20,36	19,162	18,306	18,108	17,285	17,116	16,317
4	16,224	16,58	15,263	15,116	14,342	14,216	14,98
5	14,76	13,310	13,191	13,83	12,339	12,242	12,152

Tilgungsdauer in Jahren (Nachkommastellen = Tage)

Das wäre zum Beispiel dann der Fall, wenn der Verkäufer Ihnen die Garantie gäbe, innerhalb weniger Jahre das Objekt zu einem festen Preis wieder zurück zu nehmen. Oder wenn die vollständige Prognoserechnung ergäbe, daß Sie innerhalb der geplanten Haltefrist keinen so genannten Totalüberschuß erwirtschaften können, daß also die Summe aus Ihren Mieteinnahmen und Steuervorteilen niemals die Summe Ihrer Ausgaben überschreiten würde. Dadurch würden Sie voraussichtlich nie positive Einkünfte aus Vermietung erzielen und das Finanzamt sähe keinen Cent von Ihnen, obwohl Sie kräftig Steuern gespart haben.

Doch es geht nur um die Absichten beim Erwerb Ihrer Immobilie, die sich später nachweisen lassen. Nicht gemeint sind Zeiten, in denen Sie nicht oder zumindest nicht wie geplant vermieten können, was im Laufe der Jahre immer mal vorkommt, wodurch aber ebenfalls der Totalüberschuß später erreicht wird als vorhergesehen - allerdings ohne Ihr Zutun.

wichtig

Reichen Ihre Einnahmen später einmal aus?

Auch wenn Sie zum Beginn Ihres Ruhestandes Ihre Immobilie vollständig entschuldet haben sollten, kann es sein, daß die laufenden Mieteinnahmen nach Kosten und Steuern nicht ausreichen, um Ihre Rentenlücke zu schließen. Denn die Netto-Mietrendite liegt bei vermietetem Wohnraum selten über 3,5 % pro Jahr. Prüfen Sie deshalb rechtzeitig den Verkauf Ihrer Immobilie und die Anlage des Erlöses zu einem höheren Ertrag! Die besten offenen Immobilienfonds z. B. lassen kontinuierlich bis zu 5 % pro Jahr nach Steuern erwarten.

Auch hier sollten Sie aufpassen, wie sich die Rechtsprechung weiter entwickelt. Fragen Sie also später vor dem Verkauf Ihres vermieteten Objektes Ihren Steuerberater, denn niemand kann Ihnen garantieren, daß bis dahin nicht weitere Verschlechterungen eingetreten sind.

Stellen Sie sich vor, Sie hätten heute schon eine vermietete Immobilie mit Gewinn verkauft und die steuerlichen Klippen mit Erfolg umschifft. Dann müßten Sie sich entscheiden: Kaufen Sie ein neues Objekt und beginnen das Spiel von vorn oder suchen Sie eine verwandte Anlageform, deren laufender Ertrag höher liegt als Ihre künftigen Mieteinnahmen? Dazu sollten Sie zunächst die Offenen Immobilienfonds prüfen, bei denen Sie bequem einen regelmäßigen Entnahmeplan vereinbaren können.

Eine traumhafte Fassade reicht nicht aus - auf Substanz und Ertrag kommt es an

Vielleicht wollen Sie sich aus privaten oder beruflichen Gründen nicht an eine Realimmobilie binden, obwohl Ihnen die Vorteile einer derartigen Investition durchaus einleuchten? Dann prüfen Sie, inwieweit alternative Möglichkeiten der Immobilienanlage für Sie in Frage kommen.

Alternative Investitionsmöglichkeiten

Ich habe schon so manches ausprobiert und bin ständig auf der Suche nach neuen Herausforderungen. Dabei will ich mich nicht einengen lassen durch einen festen Job oder eine eigene Familie. Ich verdiene gut und habe ein ansehnliches Aktiendepot im Rücken. Doch nach den Kursstürzen der letzten Zeit achte ich verstärkt auf Sicherheit und Kapitalerhalt. Immobilienwerte wären schon recht, wenn ich dabei flexibel bleibe und mir meine Möglichkeiten nicht verbaue.

OFFENE IMMOBILIENFONDS

Besitzen Sie bereits Anteile an einem Investmentfonds? Dann legt dieser wahrscheinlich Ihr Geld in Aktien an oder in festverzinsliche Wertpapiere. Doch wußten Sie, daß Sie sich auch an Investmentfonds beteiligen können, die vermietete Gewerbeimmobilien besitzen? Und daß diese Fonds genauso funktionieren wie alle anderen in Deutschland zugelassenen offenen Fonds, mit Sparraten ab 50 Euro monatlich und täglicher Verfügbarkeit?

Deren Wertentwicklung verläuft recht gleichmäßig. Alle Erträge werden automatisch wieder angelegt, wodurch sich ein kontinuierlicher Zinseszinseffekt ergibt. So können Sie über die Jahre ein stattliches Guthaben ansammeln.

Risikostreuung und tägliche Verfügbarkeit

Kennen Sie jemanden aus Ihrem Freundeskreis, der ein Ladengeschäft führt? Haben Sie diesen Bekannten schon einmal gefragt, wie viel Miete er für den Quadratmeter bezahlen muß? Erschrecken Sie nicht, wenn Sie hören: 20 oder 30 Euro im Monat. Vielleicht haben Sie ja selbst schon einmal mit dem Gedanken gespielt, Ihren eigenen Laden zu eröffnen und sind jetzt froh, daß es nicht dazu gekommen ist. Doch hätten Sie nicht selbst gern eine Immobilie mit einem solchen Mieter?

Dann geht es Ihnen wie so vielen, die in Offene Immobilienfonds investieren. Denn diese Fonds legen die Milliarden ihrer Anleger gezielt in wertbeständige Immobilien in guten Lagen an, die sie gewerblich vermieten. Dies sind vor allem Bürogebäude, Einzelhandelsflächen und Gewerbeparks, aber auch Spezialimmobilien wie Hotels, Seniorenheime und Freizeit- oder Logistikanlagen. Nicht selten kostet ein derartiges Objekt 50 Millionen Euro und manche dieser Fonds halten davon hundert oder mehr in ihrem Bestand. Das Fondsvermögen muß sich auf mindestens zehn Objekte verteilen, wovon keines mehr als 15 % des gesamten Investitionsvolumens ausmachen darf. Dabei findet eine breite Risikostreuung statt in Bezug auf Lage, Alter, Ausstattung und Nutzungsart der Immobilien. Entsprechend vielfältig ist die Struktur der oftmals vielen hundert Mietparteien.

Sie können mit einer Leerstandsquote von ca. 2 % rechnen, wodurch etwaige Mietausfälle kaum ins Gewicht fallen. Diesen Vorteil geben die Fonds an ihre Anleger in Form von konstanten Erträgen weiter.

Doch wie sieht es aus, wenn viele Anleger auf einmal ihr Guthaben zurückverlangen, was Ihnen nach dem Gesetz zusteht? Muß dann der Fonds eine erstklassige Immobilie verkaufen, womöglich zu einem ungünstigen Preis? Damit das nicht passiert, halten offene Immobilienfonds ständig eine große Reserve an liquiden Mitteln, aus denen sie jederzeit Auszahlungen vornehmen können. Wenn den Fonds bei Aktienflauten zusätzlich beträchtliche Mittel zufließen, kann daraus sogar ein Problem werden. Denn Offene Immobilienfonds müssen laut Gesetz mindestens zu 50,01 % ihres Vermögens auch tatsächlich in Immobilien investiert sein. Dies zwingt sie dazu, ständig auf Einkaufstour zu gehen, auch wenn die Preise nicht die günstigsten sind.

Die kurzfristig geparkten Gelder teilen sich in zwei Kategorien auf: In „Für Ankäufe und Bauvorhaben reservierte Mittel" und in „Liquidität" für Auszahlungen an die Anteilseigner. In Zeiten hoher Zinsen wie Anfang der 1990-er Jahre konnten die Fonds mit Wertzuwächsen um die 9 % pro Jahr glänzen. Gegenwärtig sind die hohen Einzahlungen aktienscheuer Anleger allerdings kein Quell reiner Freude für die Fondsmanager, da sie sich nur niedrig verzinsen.

*Bequem und schnell Anteile erwerben
oder Entnahmen tätigen*

Wenn Sie in einen Offenen
Immobilienfonds investieren, erwerben
Sie also im Grunde Anteile an einem
gemischten Vermögen, das sich zu etwa
zwei Dritteln aus Immobilien und zu zirka
einem Drittel aus Bankguthaben, kurz-
fristigen Anleihen und ähnlichen Papieren
zusammensetzt. Sollten die flüssigen
Mittel einmal nicht ausreichen, um sämtliche Auszahlungswünsche zu befriedigen,
kann das Management seine Immobilien
beleihen oder muß gar einzelne davon
verkaufen. Es gibt allerdings auch eine so
genannte Katastrophenklausel, wonach die
Rücknahme der Anteile bis zu zwei
Jahren verweigert werden kann. Dies ist
jedoch seit Auflegung des ersten derartigen deutschen Fonds im Jahre 1959
noch nie der Fall gewesen. Bisher gab es
also noch keinen einzigen Tag, an dem
die Rücknahme von Anteilen ausgesetzt
werden mußte.

Ankauf und Veräußerung

Die Fondsanteile erwerben Sie am besten
über einen neutralen Vermittler und lassen
Ihr Konto direkt bei der Fondsgesellschaft
führen. Die Kosten für ein Wertpapierdepot bei Ihrer Hausbank können Sie sich
getrost sparen. Da die Wertentwicklung
Offener Immobilienfonds kaum schwankt,
macht es keinerlei Sinn, beim Kauf auf
einen günstigen Tag zu lauern. Ihre
Einzahlungen werden zum aktuellen Preis
in Fondsanteile umgewandelt (abzüglich
einer Vertriebsprovision von etwa 5 %).
Für den Erwerb von Anteilen dürfen Sie
keine Bauspardarlehen verwenden, und es
fällt für Sie keinerlei Grunderwerbsteuer
an. Die muß allerdings der Fonds selbst
beim Kauf von Immobilien zahlen.
Welche Immobilien der Fonds hält und
wie hoch seine Reserve an flüssigen
Mitteln ist, erfahren Sie aus dem aktuellen
Verkaufsprospekt. Später wird Ihnen in
regelmäßigen Geschäftsberichten mitge-
teilt, welche Immobilien an- und verkauft
worden sind. Auf deren Auswahl, Preis
und Mieter haben Sie keinen Einfluß.

Auch für den Wiederverkauf von
Fondsanteilen brauchen Sie nicht auf
einen besonders hohen Tageskurs zu
warten. Beauftragen Sie einfach Ihre
Fondsgesellschaft mit der Veräußerung
von Anteilen in einem bestimmten
Gegenwert, den Sie sich auf Ihr Konto
überweisen lassen. Für regelmäßige
Entnahmen richten Sie zweckmäßigerweise einen Entnahmeplan ein.

Dabei beauftragen Sie Ihre Gesellschaft, Ihnen künftig in festgelegten Abständen einen bestimmten Betrag auszuzahlen. So brauchen Sie nicht für jede Veräußerung einen eigenen Auftrag zu erteilen. Ihren Entnahmeplan können Sie jederzeit wieder ändern oder ganz stoppen.

Da sich die Anteilspreise recht gleichmäßig um 5 - 6 % pro Jahr nach oben bewegen, machen Sie im ersten Jahr kaum Gewinn. Sie benötigen für diese Anlageform einen zeitlichen Horizont von mindestens fünf Jahren, besser noch länger. Dadurch verteilen Sie den beim Kauf zu zahlenden Ausgabeaufschlag auf die gesamte Laufzeit und erzielen dadurch eine gute Durchschnittsrendite. So ergab eine Untersuchung von Helaba Trust aus dem Jahre 1999, daß Sie mit Offenen Immobilienfonds in den 20 Jahren zwischen 1978 und 1997 Ihr eingesetztes Kapital knapp vervierfachen konnten.

Erfreulich für Bezieher höherer Einkommen ist der relativ große Anteil am Ertrag, der nicht der Einkommensteuer unterliegt, wenn Sie Ihre Fondsanteile länger als ein Jahr behalten. Dieser bewegt sich je nach Fonds bei 30 % bis 50 % der Rendite. Verantwortlich dafür sind günstige Abschreibungsmöglichkeiten sowie steuerfreie Gewinne, wenn das Fondsmanagement einzelne Immobilien verkauft. Fast alle dieser Fonds sind mittlerweile europaweit investiert mit Schwerpunkten in Großbritannien und Holland, wo sich deutlich höhere Mietrenditen erzielen lassen als in Deutschland. Hinzu kommt, daß die laufenden Mieteinnahmen aus Auslandsimmobilien von deutschen Anlegern nur minimal versteuert werden müssen.

Die Vor- und die Nachteile

Wenn Sie eine echte Alternative zum Kauf einer Immobilie suchen, bei der Sie sich nicht binden müssen und die langfristig in nahezu idealer Weise Sicherheit und Ertrag (vor allem nach Steuern) vereint, sind Sie mit der Anlage in Offene Immobilienfonds bestens bedient.

w e r t e n t w i c k l u n g
Wertentwicklung aller Offenen Immobilienfonds in Deutschland bis zum 31.12.2002

Jahre	1	3	5	10
Rendite pro Jahr	4,8 %	5,1 %	4,8 %	5,4 %

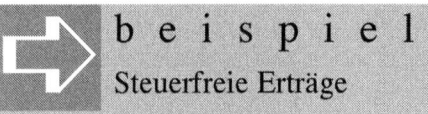

b e i s p i e l
Steuerfreie Erträge

So viel können Sie als Single in Offene Immobilienfonds investieren, ohne Ihren Sparerfreibetrag zu überschreiten.

Annahmen:	6 % p.a. Ertrag im Schnitt, davon 2/3 steuerpflichtig

Pro Jahr bleiben Erträge aus einer Anlage bis zu zirka 40.000 Euro steuerfrei.

Vorteile gegenüber der Direktanlage
- → Einstieg schon mit minimalen Beträgen (Einmalanlage ab 500 Euro, Sparplan ab 50 Euro)
- → Sie können jederzeit ein- und aussteigen.
- → keinerlei Verwaltungsaufwand
- → höhere laufende Erträge (wichtig für regelmäßige Entnahmen)
- → Sie können den Sparerfreibetrag ausnutzen, da keine Mieteinnahmen, sondern Kapitalerträge anfallen.
- → gleichmäßige Wertentwicklung, bisher ohne Negativjahre
- → kein Timing-Problem beim Ein- und Ausstieg
- → Sicherheit durch vielfältige Risikostreuung

- → Die Kosten beim Kauf (rund 5 % Ausgabeaufschlag) sind wesentlich geringer als beim Erwerb einer Immobilie, bei dem Sie Grunderwerbsteuer und Notar- oder Maklergebühren entrichten müssen (rund 10 %).

Nachteile gegenüber der Direktanlage
- → Sie sind nur am Fondsvermögen beteiligt, stehen also nicht im Grundbuch.
- → Bei Vererbung oder Schenkung wird stets der volle Wert angesetzt.

Wenn Sie relativ hohe, gleichmäßige Erträge brauchen, achten Sie auf die Unterschiede gegenüber Aktien und Aktienfonds:

Vorteile gegenüber Aktien (-Fonds)
- → gleichmäßigere Wertentwicklung
- → Inflationsschutz, weil die Mieten mit der Teuerung steigen („Indexierung")
- → geeignet für die mündelsichere, also die nahezu risikolose Anlage.

Nachteile gegenüber Aktien (-Fonds)
- → Im Durchschnitt ist die Rendite niedriger.
- → Der Cost-Average-Effekt (siehe Kasten auf der rechten Seite) bei Sparplänen wird nicht ausgenutzt.
- → Die Rücknahme der Anteile kann bis zu zwei Jahren ausgesetzt werden.

Wenn bei Ihnen Sicherheit an erster Stelle steht und Sie das Finanzamt plagt, vergleichen Sie mit Anleihen und Rentenfonds:

v e r g l e i c h

Cost-Average-Effekt bei Spar- und Auszahlungsplänen

Zwei Anlagen weisen im Endeffekt die gleiche Wertentwicklung auf, schwanken aber ganz unterschiedlich. Für die einmalige Anlage ergäben sich jeweils identische Endsummen. Doch wie steht es bei regelmäßigen Einzahlungen und Entnahmen?

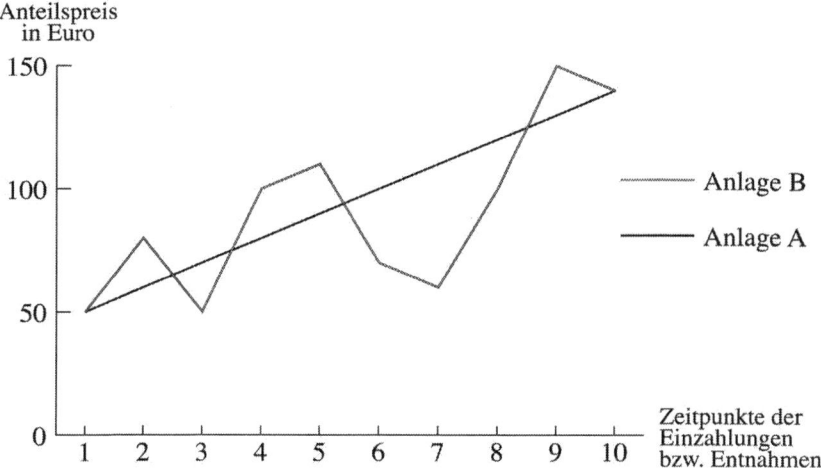

Es werden ständig 100 Euro eingezahlt bzw. entnommen, jeweils 10 mal.

Bei Sparplänen profitieren Sie von den Schwankungen!
Anlage A = 11,65 Anteile x 140 EURO Schlußkurs = ca. 1.630 Euro Endguthaben
Anlage B = 12,55 Anteile x 140 EURO Schlußkurs - ca. 1.760 Euro Endguthaben

Für Entnahmepläne sind Schwankungen ungünstig!
Anlage A = 11,65 verkaufte Anteile für 1.000 Euro Entnahmen insgesamt
Anlage B = 12,55 verkaufte Anteile für 1.000 Euro Entnahmen insgesamt

Vorteil gegenüber Renten (-Fonds)
→ Ergebnis bis zu 50 % steuerfrei, wodurch sich bei hohem Steuersatz ein Renditevorsprung ergibt, wenn Sie Ihren Sparerfreibetrag bereits ausgeschöpft haben.

Nachteile gegenüber Renten (-Fonds)
→ höhere Ankaufskosten
→ niedrigere Durchschnittsrendite für Normalverdiener, bei denen die Steuer keine so große Rolle spielt
→ Die Rücknahme der Anteile kann bis zu zwei Jahren ausgesetzt werden.

Bei der Vermögens-
bildung setze ich
langfristig auf
Aktien, denn die
haben die beste
Wertentwicklung.
Da ich immer mal
wieder Geld zur Verfügung habe, freue ich mich über jeden
kräftigen Kursrutsch. Dann kann ich Qualität billig
nachkaufen. Demnächst will ich meine Palette um börsen-
notierte Immobilienfirmen erweitern. Ich habe gehört, daß
deren Erträge nachgeben, und dann sollten ihre Aktien bald
billiger werden.

IMMOBILIENAKTIEN

Was ist besser, Aktien oder Immobilien, Rendite oder Sicherheit? Vielleicht müssen Sie das gar nicht so alternativ betrachten. Viele Unternehmen, die mit Immobilien gutes Geld verdienen, sind bereits an die Börse gegangen. Und bei manchen dieser Immobilien-AGs kann sich der Kurs der Aktie durchaus sehen lassen. Seit einigen Jahren gibt es für deutsche Anleger auch die Möglichkeit, sich an Offenen Fonds zu beteiligen, die in ausgesuchte Immobilienaktien investieren. Durch die Streuung dieser so genannten REIT-Fonds (Abkürzung für Real Estate Investment Trust) wird das Risiko der Einzelanlage vermieden.

Die börsennotierte Immobiliengesellschaft

Mit dem Kauf von Aktien erwerben Sie Anteile am Eigenkapital von Unternehmen, die etwas herstellen oder die eine Dienstleistung erbringen. Auch das Planen, Bauen, Vermieten, Verwalten, Kaufen und Verkaufen von Immobilien ist eine Dienstleistung.

In Deutschland haben manche Aktiengesellschaften im Zuge des Strukturwandels ihren ursprünglichen Geschäftszweck – zum Beispiel den Betrieb von Eisenbahnanlagen, Bergwerken oder auch Brauereien – reduziert oder ganz aufgegeben. Seitdem konzentrierten sie sich auf die Verwaltung ihres oft umfangreichen Grundbesitzes und wachsen Schritt für Schritt durch Zukäufe von unterschiedlichen Immobilien. Mittlerweile gibt es eine ganze Reihe von „echten" Immobilien-AGs, die mindestens 90 % Ihres Umsatzes und Ertrags aus Immobilien erzielen und im Deutschen Immobilienaktien-Index DIMAX vertreten sind.

Allerdings fristen diese Aktien in Deutschland immer noch ein Schattendasein, da meist nur eine geringe Stückzahl frei gehandelt werden kann. So beträgt der Streubesitz – das ist der Anteil aller Aktien, die Sie als Privatanleger kaufen können – bei der größten deutschen Immobilien-Aktie ganze 3 %.

Der Rest ist fest im Besitz großer Gesellschaften, etwa Pensionsfonds für die betriebliche Altersvorsorge. Diese heißen institutionelle Anleger. In den USA dagegen sind die REITs bereits seit Anfang der 1960er-Jahre die Immobilienanlage des „kleinen Mannes". Mittlerweile sind dort über 200 derartige Gesellschaften am Markt, deren Kapitalisierung mehr als 100 Mrd. US-Dollar beträgt gegenüber den rund 15 Mrd. Euro, die alle deutschen Immobilienaktien zusammengenommen wert sind.

Mindestens 95 % der Mieteinnahmen muß nach amerikanischem Recht ein REIT an seine Aktionäre ausschütten, um von der Einkommensteuer für Unternehmen befreit zu sein. Dadurch ist die Rendite der ausgeschütteten Gewinne („Dividenden") mit durchschnittlich 6 % pro Jahr fast viermal so hoch wie die der im Standard & Poors-500-Index (S&P 500) enthaltenen Aktien. Dieser Index umfasst die 500 größten amerikanischen Aktienwerte. Das bedeutet, daß bei starken Kursverlusten diese hohen Dividendenrenditen wie eine Art Puffer nach unten wirken.

REITs sind im Vergleich zu „normalen" Aktien meist günstiger bewertet, haben also ein niedrigeres Kurs-Gewinn-Verhältnis. Das spricht für langfristig bessere Kurschancen im Verhältnis zum Gesamtmarkt. Dabei ist die Abhängigkeit vom breiten Aktienmarkt relativ gering.

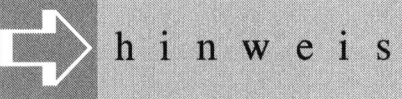 **h i n w e i s**

Was sind REITs?

Das Kürzel REIT leitet sich ab von
der englischen Bezeichnung für
Immobiliengesellschaften in den
USA, die an einer Aktienbörse
notiert sind (Real Estate Investment
Trust). Sie sind im Zuge eines
Gesetzes aus dem Jahr 1960
entstanden, das der damalige
Präsident Eisenhower erließ, um
auf diese Weise ein sicheres
Anlageinstrument zur privaten
Altersvorsorge zu schaffen.

Auch wenn es in der Vergangenheit an der
Wall Street allgemein nach unten ging,
hieß es von REIT-Aktien oft, daß sie sich
halten oder sogar noch zulegen konnten.
Der US-Immobilienmarkt splittet sich auf
in viele verschiedene Teilmärkte mit ganz
unterschiedlichen Konjunkturverläufen –
etwa Büros, Einkaufszentren, Hotels
und Spielcasinos, Ferienanlagen,
Luxuswohnungen, Lagerhallen oder
Fabrikgebäude. Hinzu kommt, daß die
USA mehr als 60 Ballungszentren auf-
weisen, die regional unterschiedlichen
Konjunkturzyklen unterliegen. Der Markt
für Büros in der Innenstadt von Boston
unterscheidet sich deutlich von dem für
Luxusappartements in Los Angeles.

Außerdem ist nicht jede Investition in
Büroimmobilien in Boston lukrativ, nur
weil dort vielleicht der Markt generell
interessant ist. Im Prinzip muß also jede
einzelne Immobilie unter die Lupe genommen werden. Ideal wäre es natürlich
– durch geschicktes Ausnutzen der verschiedenen Zyklen – immer nur dann
investiert zu sein, wenn sich der jeweilige
Teilmarkt im Aufschwung befindet.

Sie merken schon: Eigentlich müßten Sie
den US-Immobilienmarkt in all seinen
Facetten genau kennen. Doch wie sollten
Sie? Ist es da nicht besser, die Auswahl
gleich den Profis zu überlassen, die seit
40 Jahren erfolgreich im Geschäft sind?

Sie sollten also bei Ihrem Engagement der
Fondslösung den Vorzug geben. Auch die
meisten Fonds für Immobilienaktien, die
deutsche Anleger seit Mitte der 1990-er
Jahre zeichnen können, investieren
nämlich in US-Immobiliengesellschaften.
Das bedeutet, daß Sie sich mit einem
solchen Engagement nicht direkt an
Immobilien beteiligen, sondern an einem
branchenorientierten Aktienfonds mit
Schwerpunkt USA.

Was bewegt die Kurse?

Gehen Sie gern mit Ihrem Hund
spazieren? Dann verlassen Sie zusammen
das Haus, laufen ein ordentliches Stück
und kehren gemeinsam wieder heim,
nicht wahr?
Aber was hat das mit Aktien zu tun?

Man sagt, daß die Aktienkurse langfristig der Entwicklung der Gewinne folgen. In unserem Bild sind Sie der Gewinn des Unternehmens und Ihr Hund ist der Aktienkurs. Sie schreiten zügig voran, während Ihr bester Freund manchmal vorauseilt und ein andermal zurückbleibt. Am Ende erreichen Sie wieder gemeinsam das Ziel, nur hat Ihr Hund eine wesentliche längere Strecke zurückgelegt als Sie.

Aktienkurse werden jedoch nicht von den Tatsachen selbst bewegt (den Gewinnen, der Marktstellung des jeweiligen Unternehmens, der Entwicklung viel versprechender Produkte, der Qualität des Managements) sondern von den Erwartungen der Marktteilnehmer in Bezug auf diese Tatsachen. Nur wenn Sie selbst also, wie man in der Branche sagt, positiv gestimmt sind, zum Beispiel für den amerikanischen Immobilienmarkt, und glauben, daß es vielen Aktionären mit schlechten Erfahrungen bei Technologiewerten ähnlich geht, sollten Sie investieren.

Wollen Sie eine Aktie erwerben, müssen Sie stets jemanden finden, der verkaufen möchte. Das kann ein Problem sein, wenn von Ihrem Unternehmen nur verhältnismäßig wenige Aktien gehandelt werden. Bei Investmentfonds dagegen, also auch solchen für Immobilienaktien, können Sie Ihre Anteile täglich zurückgeben.
Der Preis für Aktien bildet sich durch Angebot und Nachfrage. Nur wenn dauerhaft mehr Käufer als Verkäufer auf

einander treffen, bewegen sich die Kurse nach oben. Das gilt ebenso für den umgekehrten Fall. Sie brauchen also für Kauf wie Verkauf einer Aktie stets ein Gegenüber, das in Bezug auf die weitere Entwicklung genau entgegengesetzter Meinung ist wie Sie. Selbst wenn der Kurs ins Bodenlose fällt, gibt es meist immer noch „Dummköpfe", die kaufen. André Kostolany, für viele Börsianer der Altmeister der Aktienanlage, hat es einmal folgendermaßen ausgedrückt: „Der Kurs steigt, wenn es mehr Dummköpfe gibt als Aktien, und er fällt, wenn es mehr Aktien gibt als Dummköpfe."

Doch wer ist im Endeffekt wirklich der Dummkopf? Erfahrene Aktionäre verhalten sich nämlich antizyklisch: Sie kaufen, wenn die Kurse im Keller sind – natürlich nur, wenn sie die Erwartung haben, daß die Kurve auf längere Sicht nach oben zeigt – und steigen aus bei Höchstständen.

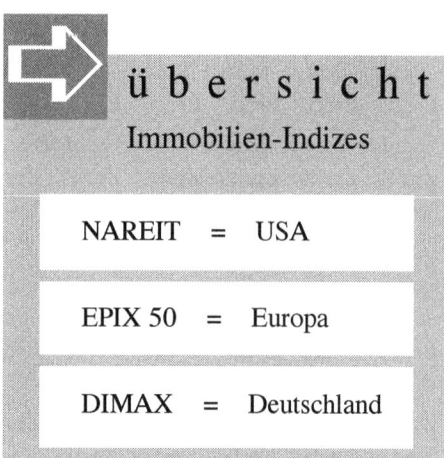

übersicht
Immobilien-Indizes

NAREIT	=	USA
EPIX 50	=	Europa
DIMAX	=	Deutschland

immobilienaktien im vergleich
Amerikanische Standard-Aktien versus US-REIT's

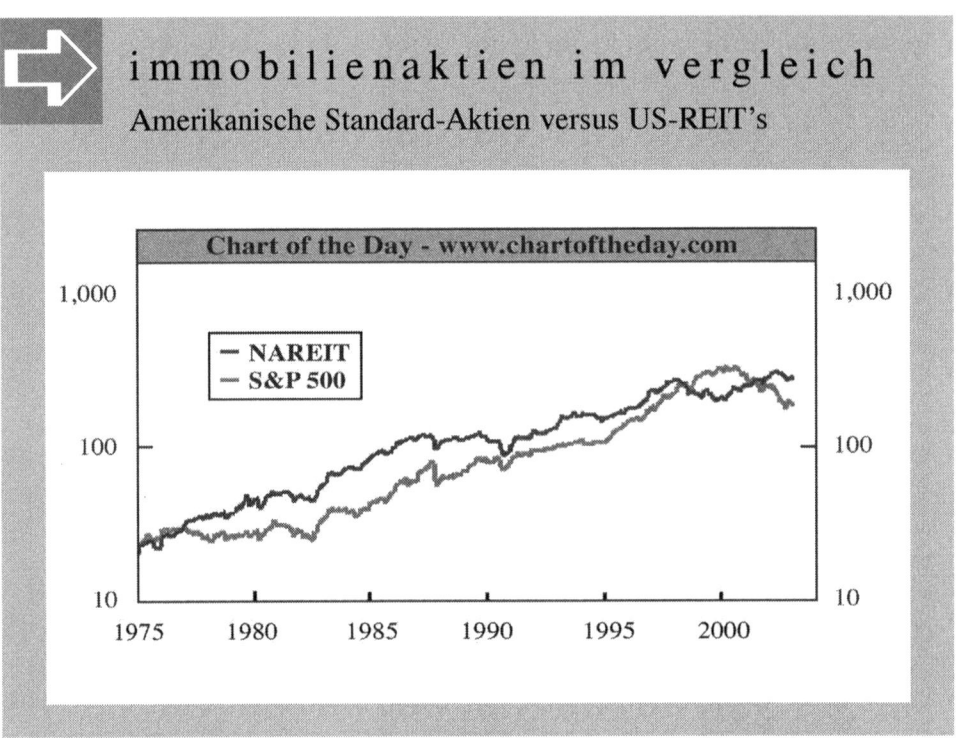

Chart of the Day - www.chartoftheday.com

— NAREIT
— S&P 500

Diese positive Erwartungshaltung ist bei den REITs berechtigt. So liegen die Renditen im nordamerikanischen Büro-bereich bei rund 8 %, im Einzelhandel sogar bei 8,5 % bis 9,5 % pro Jahr. Hinzu kommen relativ geringe Leerstandsraten und durchschnittlich hohe Mietsteigerun-gen bei Gewerbeimmobilien.

Langfristig haben sich die REITs ähnlich entwickelt wie der gesamte Aktienmarkt in den USA – sie stiegen um etwa 10 % pro Jahr. Ihre Kursschwankungen dagegen sind nur etwa halb so groß wie bei den übrigen US-Aktien. Die relativ geringen Schwankungen kommen vorwiegend

durch die hohen Dividenden zustande, die allerdings zu versteuern sind, falls Sie Ihren Sparerfreibetrag bereits aus-geschöpft haben. Die Kursgewinne dagegen sind nach einem Jahr steuerfrei.

Wenn Sie sich von der Qual der Wahl unter rund 200 amerikanischen Immobilienaktien entlasten wollen, können Sie sich an mehr als 15 ent-sprechenden Fonds beteiligen. Allerdings sind erst wenige davon fünf Jahre und länger auf dem deutschen Markt. Diesen Betrachtungszeitraum sollten Sie mindestens für die Einschätzung eines Aktienfonds zugrunde legen.

Seit September 1997 existiert der erste Fonds für europäische Immobilienaktien mit einer interessanten Wertentwicklung, die sich seit dem Jahr 2000 vergleichsweise stabil zeigt.

Was bringen Immobilienaktien?

Allgemein bieten Ihnen REITs einen guten Risikoausgleich für Immobilieninvestments am europäischen Markt. Vor dem Hintergrund der Konvergenzkriterien von Maastricht gleicht sich die Konjunkturentwicklung in der Eurozone immer stärker an und verstärkt sich noch durch die Einführung der gemeinsamen Währung. Wenn Sie also eine Immobilienanlage suchen, die sich unabhängig von Ihrem Heimatmarkt entwickelt, kommt für Sie ein Engagement in US-Immobilienwerte in Frage.

Mit einem solchen Engagement verteilen Sie gleichzeitig Ihre Risiken, indem Sie in eine andere Währung anlegen. Früher konnten Sie dies mit einem Einstieg in den Niederlanden, in Frankreich, Großbritannien oder auch Spanien erreichen. In absehbarer Zeit kommt dafür vor allem die Leitwährung der westlichen Welt - der US-Dollar - in Betracht.
Allerdings erfordert der Immobilienmarkt in den USA ein exzellentes know-how. Da Sie von Deutschland aus unmöglich selbst den US-Markt beurteilen können, bleibt nur der Weg über die REIT-Fonds. Damit aber begeben Sie sich in

Abhängigkeit von dem Geschick der Fondsmanager. Für Ihr Immobilieninvestment in den USA brauchen Sie also ein höheres Maß an Risikofreudigkeit.

Wenn Sie das mitbringen, sind Ihnen Offene Immobilienfonds sicher zu langweilig, weil Sie mehr Rendite wollen. Vielleicht möchten Sie auch einen Sparplan einrichten und dabei von Kursschwankungen profitieren? Dann sind Fonds mit Immobilienaktien besser für Sie geeignet.

Vorteile gegenüber Offenen Immobilienfonds

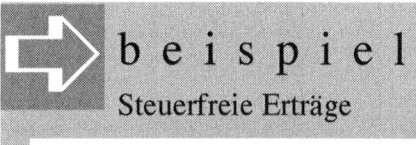

beispiel
Steuerfreie Erträge

So viel können Sie als Single in Fonds für Immobilienaktien investieren, ohne Ihren Sparer freibetrag zu überschreiten.

Annahmen:	9 % p.a. Ertrag im Schnitt, davon 1/3 steuerpflichtig

Pro Jahr bleiben Erträge aus einer Anlage bis zu zirka 53.000 Euro steuerfrei.

→ positiver Cost-Average-Effekt bei regelmäßigen Einzahlungen

→ höherer Durchschnitts-Ertrag

→ REITs sind bis 95 % in Immobilien investiert, da sie keine Liquiditätsreserve brauchen. Kauf und Verkauf der Aktien erfolgt über die Börse – das investierte Kapital bleibt davon völlig unberührt.

Nachteile gegenüber Offenen Immobilienfonds

→ größere Schwankungsbreite (schlecht für Einmalanlagen)

→ Negativjahre sind möglich.

Wenn Sie bei Ihrer Immobilienanlage flexibel bleiben wollen, Kurschancen nutzen möchten und nur relativ geringe Beträge investieren können, sind Sie mit REIT-Fonds besser bedient als bei einer Direktanlage in ein einzelnes Objekt.

Vorteile gegenüber der Direktanlage

→ Einstieg schon mit minimalen Beträgen möglich (Einmalanlage ab 500 Euro, Sparplan ab 50 Euro)

→ keinerlei Verwaltungsaufwand

→ höherer Durchschnittsertrag

→ Sie können den Sparerfreibetrag ausnutzen, da Kapitalerträge anfallen und keine Mieteinnahmen.

→ Sie können jederzeit ein- und aussteigen

→ Sie müssen sich nicht der zehnjährigen Spekulationsfrist unterwerfen sondern Ihre Anteile nur ein Jahr halten, um steuerlich von Wertsteigerungen zu profitieren.

→ Sie unterliegen nicht der Drei-Objekte-Regelung (siehe Seite 68), um auf Veräußerungsgewinne keine Steuern zahlen zu müssen.

→ professionelle Auswahl vieler Einzeltitel

→ Sicherheit durch Risikostreuung auf viele verschiedene Objekte

→ Die Kosten beim Kauf (zirka 5 % Ausgabeaufschlag) sind wesentlich geringer als die Grunderwerbsteuer und die Notar- oder Maklergebühren beim Direkterwerb (zusammen rund 10 %).

Nachteile gegenüber der Direktanlage

→ Sie sind nur am Fondsvermögen beteiligt, stehen also nicht im Grundbuch.

→ Bei Vererbung oder Schenkung wird stets der volle Wert Ihres Guthabens angesetzt.

→ Sie unterliegen stärkeren Schwankungen in der Wertentwicklung.

Wollen Sie Ihre Aktienanlagen abrunden, können Sie REIT-Fonds beimischen.

Vorteile gegenüber Aktien (-Fonds)

→ geringere Schwankungen bei vergleichbarer Rendite

→ Der Kursverlauf ist relativ unabhängig von dem der „normalen" Aktien.

Nachteile gegenüber Aktien (-Fonds)

→ höherer steuerpflichtiger Anteil am Ertrag

→ Abhängigkeit von der Entwicklung des US-Dollars im Verhältnis zum Euro (was natürlich manchmal auch ein Vorteil sein kann).

Immer wenn ich meinen
Steuerbescheid bekomme,
tränen mir die Augen. Eine
Eigentumswohnung kann ich mir
nicht leisten. Zwar würde ich
jede Menge Steuern dabei
sparen, müßte aber alles
fremdfinanzieren. Vor mir
liegt jetzt ein Beteiligungs-
prospekt, da werden 7% Ausschüttungen pro Jahr,
40% Werbungskosten zu Anfang
und komplett fertiggestellte,
bereits vermietete Immobilien
versprochen. Kann das
tatsächlich funktionieren?

GESCHLOSSENE IMMOBILIENFONDS

Sind Sie schon einmal mit der Bahn nach Leipzig gefahren? Dann haben Sie sicher den prachtvollen Hauptbahnhof bestaunt. Wußten Sie, daß diese denkmalgeschützte Immobilie vor einigen Jahren für rund 300 Millionen Euro von Grund auf restauriert wurde? Und daß jeden Tag Zehntausende von Reisenden in den zahlreichen Restaurants und eleganten Geschäften viel Geld ausgeben?

So wie in Leipzig werden in den nächsten Jahren viele Bahnhöfe in deutschen Großstädten aufwändig in Stand gesetzt und dadurch wieder zum attraktiven Anziehungspunkt. Zur Finanzierung dieser Milliardeninvestitionen wird daran gedacht, private Investoren mit ins Boot zu holen. Vielleicht können auch Sie sich bald an diesem lukrativen Markt beteiligen.

Sicher wäre es lukrativ, in die Restaurierung historischer Bahnhöfe zu investieren.

Standorte, Nutzungsarten, Mietermix

„Schön und gut", werden Sie jetzt sagen. „Nur leider habe ich keine Million auf meinem Konto herumliegen, die ich in ein solches Projekt sicher stecken müßte. Und wie soll ich mich mit Hunderten oder Tausenden anderer Anleger verständigen, was wem im Einzelnen gehört? Wer setzt sich mit den vielen Mietern auseinander? Wie sieht es aus mit Verwaltung und Instandhaltung? Wer vertritt die Investoren in Vertragsverhandlungen, zum Beispiel gegenüber den Banken?" Es gibt noch weitere Fragen: Wer beispielsweise kann mit Sicherheit sagen, ob das Bahngeschäft wirklich eine gute Rendite erbringt? Sollen nicht auch bestimmte Autobahnstrecken mit privatem Geld

sechsspurig ausgebaut werden? Vielversprechend erscheint Ihnen vielleicht auch der boomende Markt für Seniorenheime oder Freizeitparks. Oder vielleicht Gewerbeimmobilien in Holland?

Deutsche Anleger haben sich bereits seit Mitte der 1980er-Jahre ähnliche Gedanken gemacht und bis Ende 2001 rund 65 Mrd. Euro in Geschlossene Immobilienfonds investiert. Das sind Beteiligungsgesellschaften, die zur Anschaffung ausgewählter Objekte Geld von privaten Investoren sammeln. Haben genügend Investoren Anteile gezeichnet, wird der Fonds geschlossen und kein Gesellschafter mehr aufgenommen. Als Rechtsform kommt die vermögensverwaltende Kommanditgesellschaft (KG) oder die Gesellschaft bürgerlichen Rechts (GbR) in Frage.

Einer KG treten Sie als Kommanditist bei, der nur bis zur Höhe seines Anteils haftet. Alle Kommanditisten zusammen werden auf den einmal jährlich stattfindenden Gesellschafterversammlungen durch einen Treuhänder vertreten. Jede KG benötigt darüber hinaus einen vollhaftenden Gesellschafter, den Komplementär. Dieser ist gleichzeitig auch der Geschäftsführer und kann sowohl eine natürliche Person sein – etwa der Initiator selbst – oder auch wiederum eine Gesellschaft, also eine sogenannte juristische Person, zum Beispiel eine GmbH. Bei dieser Rechtsform ist allerdings die Haftung auf 25.000 EURO beschränkt, wodurch letztlich die Vollhaftung innerhalb einer KG „ausgehebelt" wird. Einer solchen Gesellschaft, die an Ihrer Firmierung als GmbH & Co. KG leicht zu erkennen ist, sollten Sie auf keinen Fall beitreten. Im Normalfall kommt auch eine GbR für Sie nicht in Frage. Dort können Sie zwar höhere Steuervorteile erzielen und auch mehr Einfluß auf die Geschäftspolitik nehmen. Aber Sie haften im Fall der Fälle mit Ihrem gesamten Privatvermögen.

Attraktiv erscheinen vielen Anlegern Geschlossene Immobilienfonds aufgrund der Möglichkeit, in der Anfangsphase ihre Steuerlast zu senken. Dies funktioniert wie folgt: Viele Nebenkosten des Immobilienerwerbs, Finanzierungskosten des Fonds selbst und erhöhte Abschreibungen sowie eventuelle Anlaufverluste aus Vermietung und Verpachtung werden addiert und im Prospekt in Form eines

Prozentsatzes als so genannte Verlustzuweisung offeriert. Für Sie bedeutet das, daß Sie einen bestimmten Anteil an Ihrer Beteiligung im Jahr der Anschaffung von Ihren normalen Einkünften steuerlich in Abzug bringen können.

Gegenüber der Direktinvestition in eine Immobilie kommen Sie als Gesellschafter in den Genuß einer sehr bequemen Regelung. Sie brauchen nämlich nicht alle einzelnen Positionen wie Mieteinkünfte, Nebenkosten, Verwaltungsaufwand, Finanzierungskosten oder Abschreibungen selbst zu ermitteln. Diese Arbeit nimmt Ihnen die Fondsgesellschaft komplett ab. Sie erhalten lediglich nach Ablauf eines jeden Jahres eine entsprechend aufbereitete Mitteilung. Zuvor werden Sie noch aufgefordert, Ihre persönlichen Aufwendungen und Kosten – zum Beispiel die gezahlten Zinsen für die Finanzierung Ihres Anteils – dem Fonds zu übermitteln. Diese fließen dann als Sonderwerbungskosten in die Jahresabrechnung mit ein. Ihrem Steuerberater überreichen Sie also lediglich einmal im Jahr eine DIN-A4-Seite und damit ist der Fall für Sie erledigt.

Anders als bei den Offenen Immobilienfonds stehen bei Geschlossenen Fonds die einzelnen Objekte nach Art, Lage, Anschaffungspreis und voraussichtlicher Nutzung von vornherein fest. Ebenso wie die Rechts- und Vertragsverhältnisse werden diese im Emissionsprospekt beschrieben.

Wie bei der Anschaffung einer Realimmobilie wissen Sie vorher genau, was Sie kaufen. Ihnen stehen aber in der Regel wesentlich mehr Informationen für die Entscheidungsfindung zur Verfügung.

Angenommen, Sie interessieren sich für eine Beteiligung an einem Geschlossenen Immobilienfonds. Dann sollten Sie die gleichen Prüfkriterien wie bei der Direktanlage anwenden (siehe Seite 47 f.):

→ Standorte der einzelnen Objekte
→ Bauqualität, Ausstattung und Anschaffungspreis pro qm
→ geplante Nutzungsarten und deren anteilmäßiges Verhältnis
→ Struktur und Bonität der Mieter
→ Monatsmiete pro qm für die verschiedenen Nutzungsarten
→ Dauer und Art der jeweiligen Mietverträge (Indexierung, Verlängerungsoptionen)

Von vornherein vorsichtig sein sollten Sie bei Angeboten mit:

→ nur einer oder zwei Immobilien
→ mehreren Immobilien, von denen eine aber anteilsmäßig dominiert
→ Objekte in strukturschwachen Gebieten
→ nur einer einzigen Nutzungsart (zum Beispiel Seniorenresidenz)
→ nur wenigen Mietparteien
→ finanziell schwachen Mietern
→ überhöhtem Anschaffungspreis
→ unrealistisch hohen Mietansätzen

Aufschluß über die Güte des Angebotes liefert die sorgfältige Prüfung der folgenden Dokumente:

→ die Leistungsbilanz der Fondsgesellschaft
→ den Pressespiegel über den Initiator und über das konkrete Angebot
→ die Wertgutachten für die einzelnen Objekte
→ Standortgutachten für das wirtschaftliche Umfeld der Immobilien
→ den Finanzierungsplan
→ den Investitionsplan
→ die steuerliche und wirtschaftliche Vorausschau der Gesellschaft
→ die Prognose für die Beteiligung des einzelnen Anlegers
→ die vertraglichen Gestaltungen (Gesellschaftsvertrag, Treuhandvertrag, Vertrag über die Kontrolle der Mittelverwendung)

Aussagekräftig sind ebenfalls:

→ Hintergrundberichte in der Wirtschafts- und Fachpresse
→ Stellungnahmen von Verbraucherschutzmagazinen
→ Analysen von Rating-Agenturen

Da Sie als normal vorgebildeter Anleger mit dieser Aufgabe überfordert sind, sollten Sie die Dienste eines kompetenten und vertrauenswürdigen Beraters in Anspruch nehmen. Gemeinsam können Sie hochwertige Angebote herausfiltern und überlegen, inwieweit diese für Sie in Frage kommen.

Bedenken Sie, daß es hierbei stets um eine unternehmerische Beteiligung an einer immobilienverwaltenden Gesellschaft geht, deren Chancen und Risiken in einem ausgewogenen Verhältnis zueinander stehen sollten.

Aus Zeitgründen können Sie meist nicht vorher die entscheidenden Personen, die einzelnen Immobilien oder Ihre künftigen Mitgesellschafter in Augenschein nehmen. Zudem müssen Sie sich mit der wirtschaftlichen, rechtlichen und steuerlichen Konstruktion des Fonds auseinander setzen. Auch dies wird Ihnen im Normalfall nur ansatzweise möglich sein. Die Erfahrung zeigt, daß bei einer solchen Prüfung auch für den noch so erfahrenen

Anleger stets eine gewisse Informationslücke offen bleibt, die sich auch beim besten Willen und mit der qualifiziertesten Vorbildung nicht schließen läßt.

Doch selbst wenn Ihnen dies möglich wäre: Die eigentliche Herausforderung für Sie besteht weniger in der maximalen Sammlung und Gewichtung von Fakten, sondern vielmehr in der umfassenden Beurteilung und Abschätzung der wirtschaftlichen Zukunftsaussichten. Dabei bewegen Sie sich naturgemäß im Bereich der Spekulation. Dies ist jedoch bei der Anschaffung einer Realimmobilie nicht anders. In jedem Fall kann es also nicht darum gehen, sämtliche Einflußgrößen zu bestimmen oder das Restrisiko gänzlich ausschalten zu wollen.

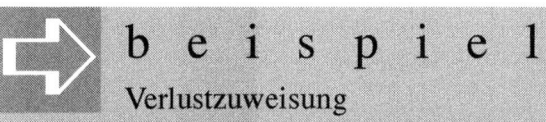

beispiel
Verlustzuweisung

Angenommen, Sie beteiligen sich mit	25.000	Euro
die Verlustzuweisung beträgt	40	%
und Ihre Steuerlast in der Spitze	50	%.
In Geldbeträgen heißt das, daß Sie	10.000	Euro
von Ihrem normal zu versteuernden Einkommen abziehen dürfen		
(40 % von 25.000 Euro Beteiligung).		
Aufgrund Ihres persönlichen Steuersatzes machen Sie daraus		
eine Steuerersparnis von	5.000	Euro
(50 % von 10.000 Euro Verlustzuweisung).		
In Bezug auf Ihren Anteil sparen Sie also zunächst ein Fünftel		
(5.000 Euro von 25.000 Euro Beteiligung).		

Denn dann könnten Sie sich niemals entscheiden, zumindest nicht bis zum Jahresende. Damit aber wäre die Gelegenheit aus steuerlicher Sicht vorbei und der unter Umständen sehr lukrative Fonds wahrscheinlich schon längst geschlossen. Die angemessene Strategie für Sie dürfte wie folgt aussehen: Entwickeln Sie gegenüber dem Angebot und der Aussicht auf Ihre Beteiligung daran ein grundsätzlich positives oder negatives Gefühl. Und nun fragen Sie sich, was die letzten Unwägbarkeiten emotional für Sie bedeuten. Sehen Sie diese eher als Chance oder als Risiko? Sind Sie generell risikofreudig eingestellt oder verlangen Sie skeptisch stets die letzte Klarheit und Sicherheit? Die Beantwortung dieser Fragen hängt natürlich stark von Ihrer individuellen Lebenssituation ab: Als Alleinverdiener einer Familie werden Sie das Risiko eher scheuen als ein kinderlos Ehepaar, bei dem beide Partner gut verdienen.

Sie müssen sich entscheiden, so oder so, doch achten Sie darauf, ob sich bei Ihnen Schmetterlinge oder aber Stechmücken in der Bauchregion melden. Und trauern sie nicht verpaßten Gelegenheiten hinterher. Es kommen immer wieder neue, für die Sie dann wahrscheinlich besser gerüstet sein werden.

Wo liegen die Chancen, wo lauern Gefahren?

Ob sich ein Geschlossener Immobilienfonds rechnet, hängt ab von seinem wirtschaftlichen Konzept und darüber hinaus davon, inwieweit die entscheidenden Personen dieses Konzept auch tatsächlich realisieren.

 **ü b e r s i c h t**
Fachmagazine für Privatanleger

FINANZTEST	=	herausgegeben von der Stiftung Warentest
CASH	=	informiert über die gesamte Finanzbranche
G.U.B.	=	älteste deutsche Rating-Agentur für Beteiligungen
CHECK	=	Rating-Agentur für Geschlossene Fonds
KAPITALMARKT INTERN	=	liefert News und Hintergrundinformationen
GERLACH-REPORT	=	versteht sich als Mahner und Anwalt des privaten Verbrauchers

(Adressen und homepages siehe Service-Teil auf Seite 121 f.)

Der Prospekt stellt zunächst nur ein Geschäftsmodell dar, in das Tatsachen, vor allem aber Annahmen einfließen. Die darauf aufbauenden Prognosen sollten Sie im Lichte der gemachten Versprechungen prüfen. Wenn Sie zu einem positiven Urteil kommen, stellt sich die wichtige Frage, ob die zentralen Personen, denen Sie Ihr Geld anvertrauen, seriös sind.

Unter beiden Gesichtspunkten – wirtschaftliches Konzept, persönliche Integrität – sollten Sie im Emissionsprospekt sowohl auf die harten Fakten achten als auch zwischen den Zeilen lesen:

→ Wie präsentieren sich die Herausgeber und Entscheidungsträger?
→ Geht der Initiator selbst mit „ins Risiko", indem er zum Beispiel mit einer ausreichenden Summe haftet?
→ Sind die Chancen und Risiken einer Beteiligung ausführlich dargestellt oder werden wichtige Details ausgeklammert?
→ Sind die getroffenen Annahmen für Sie nachvollziehbar?
→ Wird in der Vorausschau nicht nur der „best case" sondern auch der „worst case" dargestellt?
→ Wie sieht die Leistungsbilanz des Initiators aus, und wie werden Abweichungen von den bisherigen Prognosen kommentiert?
→ Wird ein umfassender Service nach erfolgtem Beitritt zur Gesellschaft geboten?

Zur Abrundung sollten Sie jede Gelegenheit wahrnehmen, Ihre künftigen Partner auf Informationsveranstaltungen persönlich kennen zu lernen. Aussagekräftig können auch Interviews in der Presse, im Fernsehen und auf der firmeneigenen Homepage im Internet sein.

Wollen Sie den voraussichtlichen wirtschaftlichen Erfolg Ihrer Beteiligung beziffern, so achten Sie in der Prognoserechnung auf:

→ den dargestellten Betrachtungszeitraum,
→ den verwendeten Prozentsatz, mit dem die Jahresmiete steigt
→ die Summe der jährlichen Ausschüttungen
→ den zu versteuernden Anteil an den Ausschüttungen
→ den Faktor, zu dem die Immobilien am Ende verkauft werden sollen (angegeben als Vielfaches der Jahresmiete)
→ die Kosten des Verkaufs und die jeweilige Restschuld des Darlehens, mit dem die Fondsgesellschaft den Ankauf der Immobilien finanziert hat.

Für Sie persönlich spielen dabei folgende Faktoren eine Rolle:

→ In welcher Höhe haben Sie selbst Ihre Beteiligung fremdfinanziert?
→ Wie viel Zinsen zahlen Sie dafür insgesamt?
→ Können Sie Werbungskosten aus Ihrer Fondsbeteiligung mit anderen positiven Einkünften verrechnen?

→ Wie hoch ist Ihr Grenzsteuersatz im Jahr der Beteiligung?
→ Wie hoch wird Ihr Grenzsteuersatz künftig sein?
→ Erreichen Sie mit Ihrer Beteiligung den steuerlichen Totalüberschuß innerhalb des Prognosezeitraums?

Gegenüber Ihrem Finanzamt müssen Sie glaubhaft machen können,

→ daß Sie beabsichtigen, mit Ihrer Beteiligung Gewinn zu erzielen,
→ daß Sie bis zu dem Verkauf Ihres Anteils beziehungsweise der Auflösung der Gesellschaft steuerlich mehr Einnahmen als Kosten produziert haben.

Sie sollten damit rechnen, daß es auch bei sorgfältig konzipierten Geschlossenen

Sie wollen sicher und rentabel investieren. Das gelingt nur mit seriösen Partnern.

Immobilienfonds im Laufe der Jahre immer mal zu Mietausfällen kommt und das steuerliche Ergebnis von der Prognose abweicht.

Unwägbarkeiten auf Ihrer Seite als Anleger liegen darin, daß niemand seine steuerliche Situation 20 Jahre oder mehr im voraus kennt und die Anschluß-zinssätze nach Ende der jeweiligen Festschreibung für die Finanzierung Ihres Anteils heute noch unbekannt sind. Insofern stellen Sie Ihre Rendite-betrachtung stets unter Vorbehalt an. Einen Anhaltspunkt dafür, was Sie von einer Investition in Gewerbeimmobilien erwarten können, liefert eine Unter-suchung von Helaba Trust aus dem Jahre 1999. Demnach konnte ein Anleger in den 20 Jahren von 1978 bis 1997 sein eingesetztes Kapital nahezu versechsfachen. Allerdings schwankte die Ertragsentwicklung pro Jahr relativ stark (mit vereinzelten Ausschlägen in den Negativ-bereich). Demgegenüber konnten Sie mit einer Kapitalanlage in vermietete Eigentumswohnungen Ihr Vermögen knapp vervierfachen. Auch hierbei schwankten die Jahreserträge gehörig, blieben jedoch stets positiv.

Als Einstieg in die Welt der Geschlossenen Immobilienfonds kommen für Sie vor allem zwei Möglichkeiten in Betracht, die seit einer Reihe von Jahren von bewährten Initiatoren angeboten werden: Inlandsfonds und Auslandsfonds.

b e i s p i e l
Präsentationen bewährter Anbieter

FALK + PARTNER (Selbstdarstellung aus einem Emissionsprospekt)
„Kundenorientierung heißt ..., die Produkte der Unternehmensgruppe durch die Brille des Kapitalanlegers zu betrachten. FALK-Renditefonds werden ergänzt durch zusätzliche Garantien und Dienstleistungen ... Vollplatzierungs- , Zins- (während der Investitionsphase) sowie Mietgarantien ... Prüfung der Bausubstanz, Einholung unabhängiger Wertgutachten, ... jährliche Geschäftsberichte über die Entwicklung der Fondsgesellschaft und ihrer Immobilien ebenso wie die Betreuung bei der Erledigung steuerlicher und wirtschaftlicher Verwaltungsarbeiten und die Abwicklung eines Verkaufs, wenn die Anteilseigner dies beschließen."

DR. EBERTZ & PARTNER (aus einem Bericht in CASH 5/2001)
„Seine Fonds wird Ebertz ... nicht im Regen stehen lassen. Schon aus eigenem Interesse. In jedem Fonds haften er oder einer seiner beiden Kompagnons ... persönlich. Sie stehen ... mit ihrem gesamten Privatvermögen für die Verbindlichkeiten ... gerade."

Inlandsfonds

Dabei handelt es sich meist um ein bis fünf Objekte an verschiedenen westdeutschen Standorten und Lagen mit bis zu 100 Mietparteien, die langfristige, indexierte Verträge abgeschlossen haben. Unterschiedliche Nutzungsarten und bonitätsstarke Magnetmieter (Stadtverwaltung, bekannte Ladenketten, Weltkonzerne) runden das positive Bild ab. Die laufenden Mietanpassungen nach oben und damit die anvisierten Wertsteigerungen der Immobilien sind realistisch prognostiziert, und das steuerliche Konzept läßt eine problemlose Anerkennung durch das Finanzamt erwarten – so wie es bei diversen Vorgängerfonds mit identischem Konzept der Fall war. In der Vorausschau können Sie bei diesen Angeboten stets in etwa folgende Eckwerte erkennen:

→ Werbungskosten in der Anfangsphase zirka 30 bis 40 %
→ laufende Ausschüttungen 6 bis 7 % pro Jahr (erste zehn Jahre)
→ laufende Ausschüttungen 7 bis 10 % pro Jahr (11. bis 20. Jahr)
→ Der steuerpflichtige Anteil beträgt im Schnitt etwa zwei Drittel der laufenden Ausschüttungen.
→ Der Netto-Verkaufserlös nach 20 Jahren beträgt mindestens 150 % Ihrer ursprünglichen Beteiligung.

übersicht

Geschlossene Immobilienfonds im Inland

Akzeptable Eckdaten auf der Suche nach Sicherheit mit „Renditekick"	
Objekte	sechs Gebäude an sechs Standorten in Westdeutschland
Einkaufsfaktor	13,5-faches der ersten vollen Jahresmiete
Substanzwert	76 % der Gesamtinvestition
Binnenfinanzierung des Fonds	58 % der Gesamtinvestition
Ausschüttung 1. Jahrzehnt	7,5 % pro Jahr konstant davon zu versteuern ca. 4/5
Ausschüttung 2. Jahrzehnt	8,6 % pro Jahr im Schnitt davon zu versteuern ca. 4/5
Verlustzuweisung ca.	40 % im Jahr der Anschaffung
Anteilswert nach ca. 20 J.	150 % der Beteiligung

Auslandsfonds

Auslandsfonds investieren meist in den Niederlanden oder den USA. Sie umfassen manchmal nur wenige Objekte, Standorte und Nutzungsarten, warten aber mit sehr guten Mietern auf. In der Regel können die Immobilien zu sehr niedrigen Einkaufsfaktoren erworben werden – etwa dem 11- bis 13-fachen der ersten vollen Jahresmiete gegenüber dem 14- bis 16-fachen in Deutschland. Geplant ist oft eine Fondslaufzeit von nur zehn Jahren, nach der die Immobilien gewinnbringend veräußert werden, was bei einigen Vorgängerfonds bereits gut funktioniert hat. Steuern werden nicht in der Anfangsphase gespart, sondern bei den laufenden Ausschüttungen und am Ende der Laufzeit. An Geschlossenen Fonds mit ausländischen Immobilien beteiligen Sie sich in der Regel ausschließlich mit Eigenkapital, da sich Finanzierungszinsen nicht mit den überwiegend steuerfreien Ausschüttungen verrechnen lassen.

Auf die folgenden Eckwerte sollten Sie bei guten Offerten achten:

→ laufende Ausschüttungen 6 bis 9 % pro Jahr in den ersten zehn Jahren

→ Die Ausschüttungen sind für deutsche Anleger aufgrund eines geltenden Doppelbesteuerungsabkommens weit gehend steuerfrei.

→ Wechselkursrisiko bei USA-Engagements

→ Der Netto-Verkaufserlös nach zehn Jahren beträgt mindestens 125 % Ihres Beteiligungsbetrages (ohne Agio).

→ In den USA müssen Gewinne aus dem Verkauf einer Immobilie immer versteuert werden, doch sind die Steuersätze dort im Allgemeinen niedriger als der persönliche Steuersatz eines normalen deutschen Anlegers.

→ In den USA können die Steuern im Falle einer Schenkung oder Vererbung höher sein als in Deutschland.

Für Höchstverdiener mit Spitzensteuersatz können Immobilien-Leasingfonds verlockend sein. Die Initiatoren – es gibt sehr wenige davon – versprechen zweistellige jährliche Ausschüttungen und hohe Verlustzuweisungen über die Jahre verteilt. Das Prinzip: Der Fonds kauft eine Immobilie, die von einer Firma zu festen Konditionen geleast wird. Nach Ablauf des Vertrages wird das Objekt zu einem exakt definierten Preis verkauft, meist an den Leasingnehmer. Der einzelne Anleger trägt also keinerlei Risiko bei der Vermietung und Veräußerung. Allerdings profitiert er auch nicht von einem möglichen Wertzuwachs. Damit fällt eine wesentliche Ertragssäule weg

und die Rendite muß vollständig über hohe Ausschüttungen und Steuervorteile erzielt werden. Bleibt das Einkommen und damit der Steuersatz konstant hoch (zum Beispiel bei Beamten), kann die persönliche Rendite nach Steuern genau voraus berechnet werden, und diese wird bei guten Angeboten über 10 % pro Jahr liegen.

Leasingfonds haben meist relativ kurze Laufzeiten (unter zehn Jahre) und sind von der Bonität des Leasingnehmers abhängig. Sie können von einer steuerlichen Einschränkung empfindlich betroffen sein: dem so genannten Verlustausgleichsverbot.

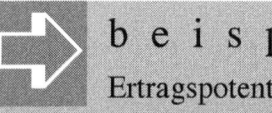

b e i s p i e l
Ertragspotential
von Auslandsfonds

Aus einem Vertriebsrundschreiben vom Februar 2001:
„ Die Qualität der Fonds spiegelt sich in einer überdurchschnittlichen Performance wider. Erste Fonds-Veräußerungen mit Renditen von über 10 % oder eine Leerstandsquote von 0,5 % aller MPC Holland-Immobilien sprechen eine eindeutig positive Sprache ... Attraktive Kerndaten wie z.B. ein hoher Substanzwert von ca. 92 %, ein Kaufpreisfaktor von 11,99, eine geplante Durchschnittsausschüttung von 7,58 % oder beste Lagen der Immobilien ... sind Gründe für eine erneut hohe Nachfrage."

ü b e r s i c h t
Doppelbesteuerungs-abkommen

Zwischen Deutschland und den meisten anderen Staaten gibt es ein Abkommen zur Regelung der Versteuerung von Einkünften deutscher Bürger im Ausland. Zumeist stehen dabei die Einkünfte dem Staat zu, in dem sie erzielt wurden. Hat zum Beispiel ein deutscher Anleger in Holland relativ geringe Einkünfte aus einer Beteiligung an einem Immobilienfonds, so bezahlt er darauf kaum Steuern im Ausland. Die Erträge sind in Deutschland steuerfrei, lediglich für das normale Einkommen erhöht sich sein Steuersatz ein wenig. Im Normalfall verbleiben ihm nach Steuern mehr als 90 % seiner Ausschüttungen.

Danach lassen sich Verluste aus einer Einkunftsart – hier: Vermietung und Verpachtung – nur bis zu einer Obergrenze von zirka 50.000 Euro voll mit positiven Einnahmen in einer anderen Einkunftsart verrechnen.

Wie erkennen Sie hochwertige Angebote?

Haben Sie noch das magische Fünfeck im Gedächtnis, mit dem Sie jede Ihrer Geldanlagen prüfen sollten (siehe Seite 6)? Überlegen Sie gut, was Sie von einem Geschlossenen Immobilienfonds erwarten:

Rendite
→ starken Wertzuwachs der Immobilien?
→ hohe laufende Ausschüttungen?
→ geringen Einsatz von Eigenmitteln durch maximale Fremdfinanzierung?
→ eine Möglichkeit, Steuern zu sparen?

Sicherheit
→ maximale Risikostreuung auf viele verschiedene Objekte?
→ gute Lagen und hohe Substanzwerte?
→ solvente Mieter und indexierte Mietverträge?
→ umfangreiche Garantien des Initiators?

Verfügbarkeit
→ Planen Sie wirklich eine Haltedauer von 10 bis 20 Jahren?
→ Hat der Initiator einen funktionierenden Zweitmarkt für "gebrauchte" Anteile eingerichtet, die vorzeitig zurück gegeben werden?

Inflation
→ Ausgleich durch indexierte Gewerbe-Mietverträge?
→ starke Wertsteigerung durch gute Lagen und hohe Substanzwerte?

Steuern
→ geringer Einsatz von Eigenmitteln durch hohe Erstattungen am Anfang?
→ hoher steuerfreier Anteil bei den laufenden Ausschüttungen?
→ konstante Zinsen, die steuerlich geltend gemacht werden können (durch eine endfällige Tilgung)?
→ steuerfreier Veräußerungserlös?

Hierbei werden nicht alle Ihre persönlichen Kriterien voll erfüllt werden können, sondern Sie müssen Schwerpunkte setzen und Kompromisse schließen. Vergleichen Sie die Investition in einen Geschlossenen Immobilienfonds bitte nicht mit flexiblen Anlageformen (Aktien, Anleihen, Offene Investmentfonds) sondern mit dem Kauf einer Einzelimmobilie beziehungsweise mit einer unternehmerischen Beteiligung (etwa Windkraftanlagen, Schiffe oder Containerleasing).

Bevor Sie sich für ein Engagement in einen Geschlossenen Immobilienfonds entscheiden, befolgen Sie bitte die acht goldenen Regeln für eine Beteiligung:

1. Sehen Sie sich das Konzept genau an.

Überzeugen Sie die Aussagen und Prognosen? Werden diese durch unabhängige Gutachten zu den Standorten und Kaufpreisen bestätigt? Hat sich das Konzept bei Vorgängerfonds bewährt? Wie urteilen Fachmagazine, Verbraucherschützer und Rating-Agenturen?

2. Sehen Sie sich den Initiator genau an.

Hat er genügend Erfahrung und Finanz-`kraft? Kann er eine gute Leistungsbilanz vorweisen? Wie ist sein Ruf innerhalb und außerhalb seiner Branche? Betreut er seine Anleger durch umfangreichen Service und hilft er bei auftretenden Problemen effektiv?

3. Lassen Sie die steuerliche Seite prüfen.

Hat der Initiator einen unabhängigen Prüfer beauftragt? Was sagt Ihr eigener Steuerberater zum Konzept der Fondsgesellschaft? Wie hoch setzt er den steuerlichen Effekt für Ihre persönliche Situation an? Welche Beteiligungshöhe ist für Sie steuerlich optimal? Wann erreichen Sie den steuerlichen Totalüberschuß?

4. Lassen Sie die Verträge prüfen.

Was sagen Steuerberater und Rechtsanwalt? Haften Sie nur mit Ihrer Beteiligungssumme oder besteht eine Nachschußpflicht?

5. Finanzieren Sie richtig.

Ist das Darlehen zur Finanzierung Ihrer Beteiligung nur so groß gewählt, daß Sie dieses bequem mit Ihren Ausschüttungen bedienen können? Haben Sie bei einer endfälligen Tilgung sichergestellt, daß Ihr angespartes Guthaben zur Ablösung des Darlehens ausreicht?

6. Wählen Sie die richtige Größenordnung.

Bringt Sie Ihre Beteiligung bei einer wirtschaftlichen Schieflage auch nicht in Schwierigkeiten? Können Sie Mietausfälle mit Eigenmitteln ausgleichen?

b e i s p i e l
Möglicher Verlauf einer Beteiligung über 25.000 Euro

Sie möchten den laufenden Ertrag aus Ihrer Beteiligung nach 15 Jahren
zur Aufbesserung Ihrer monatlichen Einkünfte verwenden. Bis dahin können Sie
keine laufenden Ausschüttungen gebrauchen, weil Sie diese hoch versteuern müßten.
Also nehmen Sie die Ausschüttungen zum Abtrag eines Darlehens, mit dem Sie Ihre
Beteiligung in einem angemessenen Verhältnis finanzieren. Dadurch schonen Sie
Ihr Eigenkapital und erzielen eine höhere Nachsteuer-Rendite.

Eine finanzierte Beteiligung durchläuft drei Phasen, die sich jeweils in Form
einer Waage darstellen lassen (siehe gegenüberliegende Seite)

Beispiel für eine Prognoserechnung

persönlicher Grenzsteuersatz	=	50 % erste 15 Jahre
	=	35 % nach 15 Jahren
Laufzeit der Finanzierung	=	15 Jahre
Zinsen (15 Jahre fest)	=	7 % pro Jahr
Anfangstilgung	=	4 % pro Jahr
Ausschüttung im Schnitt	=	7 % pro Jahr erste 15 Jahre
	=	8 % pro Jahr nach 15 Jahren
steuerpflichtiger Anteil	=	80 % der Ausschüttungen
Verlustzuweisung	=	40 % des Beteiligungsbetrages
Steuerersparnis anfänglich	=	5.000 Euro
Eigenkapital	=	6.250 Euro
Fremdkapital	=	15.000 Euro

Renditebetrachtung auf 15 Jahre

Eigenkapital	in der Investitionsphase	ca.	6.250
	in der Bewirtschaftungsphase	ca.	3.750
	(275 x 15 Jahre, abgezinst)		
	gesamt in heutiger Kaufkraft	ca.	10.000
Wert der Beteiligung	nach 15 Jahren	ca.	30.000
Entspricht einer Rendite	nach Steuern von	knapp	8 % p. a.

b e i s p i e l

Möglicher Verlauf einer Beteiligung über 25.000 Euro

Tipp: Achten Sie darauf, daß die Waage in jeder Phase im Gleichgewicht bleibt!

INVESTITIONS-PHASE
(laufendes Jahr)

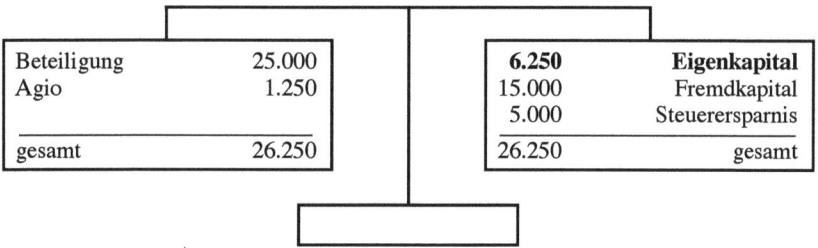

Beteiligung	25.000		**6.250**	**Eigenkapital**
Agio	1.250		15.000	Fremdkapital
			5.000	Steuerersparnis
gesamt	26.250		26.250	gesamt

BEWIRTSCHAFTUNGS-PHASE
(15 Jahre, im Schnitt pro Jahr)

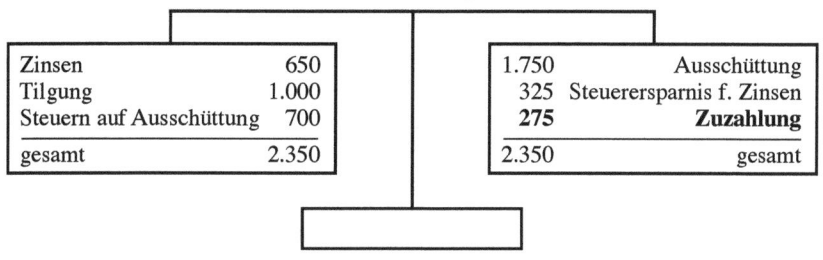

Zinsen	650		1.750	Ausschüttung
Tilgung	1.000		325	Steuerersparnis f. Zinsen
Steuern auf Ausschüttung	700		**275**	**Zuzahlung**
gesamt	2.350		2.350	gesamt

ERNTE-PHASE
(nach 15 Jahren, im Schnitt pro Jahr)

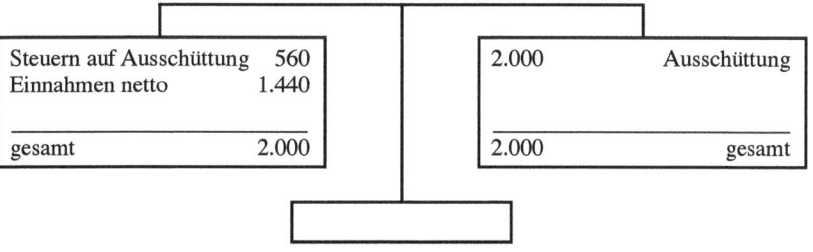

Steuern auf Ausschüttung	560		2.000	Ausschüttung
Einnahmen netto	1.440			
gesamt	2.000		2.000	gesamt

Kappen Sie mit den anfänglichen Verlustzuweisungen wirksam Ihre Steuerspitze oder verpufft der steuerliche Effekt, weil Ihre Beteiligung zu groß geraten ist?

7. Wählen Sie die richtige Laufzeit.

Sind die Laufzeit der Beteiligung und die Dauer der Finanzierung auf Ihre persönliche Lebenssituation und Zukunftsplanung abgestimmt? Stehen Ihnen die Ausschüttungen bzw. der Verkaufserlös dann zur Verfügung, wenn Sie diese tatsächlich brauchen?

8. Setzen Sie sich nicht unter Entscheidungsdruck.

Erfolgreiche Initiatoren beginnen meist schon nach den Sommerferien mit der Platzierung ihres aktuellen Fonds. Darum prüfen Sie die Angebote bereits im Herbst und nicht erst dann, wenn Ihr Steuerberater Alarm schlägt, weil Sie im laufenden Jahr wieder einmal zu viel verdienen werden. Das weiß er nämlich erst im November/Dezember. Nehmen Sie sich ausreichend Zeit, aber schieben Sie die Entscheidung nicht endlos vor sich her. Setzen Sie sich selbst eine Frist und ziehen Sie dann eine kritische Bilanz: Welche Vorteile überzeugen Sie?

Begeistert Sie das wirtschaftliche Konzept oder reißt Sie das ganze Angebot nicht so recht vom Hocker? Wenn Sie nur die Risiken sehen statt der Chancen, dann ist

das nicht unbedingt ein Problem, denn Sie finden sicher eine passendere Anlage für Ihre Zwecke – auch wenn es erst im nächsten Jahr sein sollte.

Sie sehen also, daß es nicht immer eine Realimmobilie sein muß, wenn Sie das Ziel verfolgen, Ihr Kapital gewinnbringend in Sachwerte zu investieren. Auch immobiliennahe Wertpapiere erzielen eine ordentliche Rendite.

Wußten Sie eigentlich, daß sich mit Immobilieninvestments auch sehr gut fürs Alter vorsorgen läßt? Wie man das macht, erfahren Sie im nächsten Kapitel.

 **h i n w e i s**
Zweitmarkt für Anteile
an Geschlossenen Fonds

Für die Übertragung dieser Fonds-Anteile gibt es nach wie vor keinen gesetzlich geregelten Markt. Viele Initiatoren versprechen Hilfe, indem sie intern unter ihren bestehenden Kunden Käufer suchen. Seit 1998 gibt es einige externe Anbieter so genannter Follow-Up-Markets. Das Problem für den verkaufswilligen Anteilseigner: die Ermittlung eines fairen Preises. Geboten wird meist das Acht- bis Zehnfache der jährlichen Ausschüttung.

Keine Woche vergeht, ohne daß über die Unsicherheit der Renten diskutiert wird. Klar ist eines: Die gesetzliche Rentenversicherung als Säule der Altersvorsorge bröckelt zusehends, auf Vater Staat ist hier immer weniger Verlaß. Wer jedoch sein Leben selbst in die Hand nimmt und bereits in jungen Jahren seine finanzielle Zukunft in die richtigen Bahnen lenkt, kann sich auf einen sorgenfreien Ruhestand freuen.

Immobilien und Altersvorsorge

Meine Ehe ist
gescheitert, eine
neue Bindung will
ich nicht eingehen.
Die beiden Kinder
ziehe ich alleine
groß, ich schaffe
das schon.
Finanziell kann
ich keine großen
Sprünge machen.
Trotzdem möchte
ich schon jetzt
was fürs Alter zurücklegen, denn ich will mir später keine
Vorwürfe machen müssen, daß ich meine Zeit nicht genutzt
hätte. Es hilft nichts — um meine Zukunft muß ich mich
selber kümmern.

IN DIE EIGENE ZUKUNFT INVESTIEREN

Wollen sie langfristig Vermögenswerte
aufbauen und von deren Erträgen im Alter
Ihre Rente aufbessern? Dann müssen Sie
dafür sorgen, daß Ihr Kapital schneller
wächst als Ihnen durch Geldentwertung
und Steuern verloren geht. Immobilienanlagen können Ihnen helfen, dieses Ziel
zu erreichen. Ob Sie nun Berufsanfänger
sind, gut verdienende Mittdreißigerin oder
Ehepaar mit bereits erwachsenen Kindern,
für jede Lebensphase gibt es geeignete

Möglichkeiten, in Immobilienwerte zu
investieren und damit der Krise des
gesetzlichen Rentensystems zu begegnen.

Warum Sie dringend vorsorgen müssen

Stellen Sie sich vor, morgen wäre Ihr
65. Geburtstag. Was glauben Sie, wie
viele Jahre Sie dann, statistisch gesehen,
noch vor sich haben?

Wußten Sie, daß es bei den heute 65-Jährigen bereits mehr als 20 Jahre sind? Noch vor 50 Jahren wurden Frauen im Mittel nur 75 Jahre alt, und vor 100 Jahren waren es erst 69 Jahre.

Was bedeutet das für Sie? Wenn Sie selbst in Rente gehen werden, leben Sie wahrscheinlich sogar noch länger, sagen wir 25 Jahre. Diesen Lebensabschnitt sollten Sie sorgfältig planen. „Mit 65 Jahren, da fängt das Leben an", sang einst Udo Jürgens. Möchten Sie dann nicht auch Ihr Leben genießen und all das verwirklichen, wozu sich bisher keine Zeit fand? Sie brauchen dazu auf alle Fälle geregelte Einkünfte und wahrscheinlich nicht weniger als bisher sondern eher mehr. Denken Sie an Ausgaben für Reisen, Weiterbildung oder Hobbys, aber auch an Investitionen für seniorengerechtes Wohnen (Umbauten im Haus oder ein Lift) sowie für Dienstleistungen aller Arten (Einkaufen, Putzen, Gartenarbeit oder Transport).

Meinen Sie, daß Ihre Einkünfte genau so hoch ausfallen werden wie bisher? Falls nicht, wie viel wird Ihnen zum bisherigen Nettoeinkommen fehlen? Wie hoch wird Ihre gesetzliche Altersrente sein? Was können Sie sich später dafür kaufen? Müssen Sie auf Luxus verzichten oder sich gar im Alltag einschränken? Denken Sie auch daran, daß von sämtlichen Einkünften im Ruhestand Beiträge für die Kranken- und Pflegeversicherung abgehen. Und dann will das Finanzamt noch seinen Teil abhaben.

Wie hoch schätzen Sie die derzeitige gesetzliche Altersrente der Frauen in Deutschland? Im Jahr 2000 mußte eine Rentnerin im Durchschnitt mit ganzen 405 Euro monatlich auskommen. Männer erhielten im Schnitt mehr als doppelt so viel (877 Euro). Auch wenn Sie bis zu Ihrem 65. Geburtstag Ihre Ansprüche bei der gesetzlichen Rente noch steigern werden: Haben Sie eine Vorstellung davon, um wie viel? Wußten Sie, daß Sie für eine Erhöhung Ihres Rentenanspruchs um 50 Euro monatlich rund 55.000 Euro brutto zusätzlich verdienen müßten? Dies entspräche etwa 10.500 Euro an Versicherungsbeiträgen.

Aber werden Ihre Zahlungen denn gewinnbringend angelegt, so daß Sie im Ruhestand über ein schönes Guthaben verfügen können? Leider nein, denn mit Ihren Beiträgen finanzieren Sie die Rentnerinnen und Rentner von heute. Das bedeutet für Ihre eigenen Altersbezüge: Sie sind darauf angewiesen, daß die nachwachsende Generation genau so fleißig Beiträge in die gesetzliche Rentenversicherung einzahlen wird, wie Sie es taten. Doch können Sie sich darauf verlassen?

Heute „ernähren" zwei Beitragszahler einen Rentner, in wenigen Jahrzehnten muss ein Beitragszahler einen Rentner allein finanzieren. Zurzeit geht von Ihrem Gehalt bereits knapp ein Fünftel für die Rente ab, also müßten es später etwa zwei Fünftel sein.

Wußten Sie, daß der Beitragssatz vor
50 Jahren nur ein Zehntel betrug und vor
100 Jahren lediglich ein Fünzigstel?

Gründe hierfür gibt es viele. Die geringere
Lebenserwartung hatte zur Folge, daß die
Renten früher viel kürzer gezahlt werden
mußten als heute und ganz sicher gegenüber dem Zeitpunkt, an dem Sie einmal in
Rente gehen werden. Hinzu kommt, daß
vor 50 Jahren in Deutschland über 1 Mio.
Kinder jährlich geboren wurden. Heute
sind es knapp 800.000, und in 50 Jahren
werden es weniger als eine halbe Million
sein. Uns gehen also die künftigen
Beitragszahler aus. Außerdem beginnt die
Berufstätigkeit und damit die Beitragszahlung heute viele Jahre später, die
Unterbrechungen durch Arbeitslosigkeit
oder Selbständigkeit sind länger, und die
Menschen hören im Schnitt bereits
mit 59 Jahren auf zu arbeiten.

All das zeigt, daß es mit Ihrer Rente in
Zukunft eher schlechter werden wird.
Sorgen Sie deshalb selbst zusätzlich vor.
Falls es dann doch nicht so schlimm
kommt, können Sie durch Ihr finanzielles
Polster später Ihre Lebensqualität
beträchtlich erhöhen!

Was können Sie selbst tun?

Wollen Sie im Ruhestand materiell gut
versorgt sein und Ihren gewohnten
Lebensstandard aufrecht erhalten?
Dann müssen Sie sich zunächst Ihre
heutige Ausgangslage vergegenwärtigen.

Die kluge Frau baut vor!

Sind Sie jung, berufstätig und noch
ungebunden? Hochschulabsolventin mit
Kinderwunsch? Junger Vater? Hausfrau
ohne eigenen Rentenanspruch? Glücklich
verheiratet oder frisch geschieden?
Alleinerziehende Mutter oder Karrierefrau
ohne Anhang? Existenzgründer in der
Aufbauphase?

Je nachdem, in welcher Lebenssituation
Sie sich momentan befinden, werden Sie
Ihre Prioritäten individuell unterschiedlich
setzen. Wenn Sie jung sind, wollen Sie
das Leben vor allem genießen. Als
Firmengründerin müssen Sie Ihr Geld
zusammenhalten. Verdienen Sie als
Freiberufler überdurchschnittlich gut,
plagt Sie Ihre Steuerlast. Ist Ihr Job
unsicher oder langweilig, träumen Sie
spätestens ab Mitte 40 vom Vorruhestand.

Haben Sie den Mut, gedanklich und emotional bis in Ihr sechstes Lebensjahrzehnt vorzustoßen. Und nun stellen Sie sich den entscheidenden drei Fragen:

→ Wie viele Jahre bleiben mir noch bis zum Beginn meiner Rente?
→ Wie wird mein Alltag danach aussehen?
→ Wovon werde ich dann aller Voraussicht nach leben können?

Zur Beantwortung der letzten Frage machen Sie jetzt die nächsten Schritte:

Check-up Ihrer Finanzen

Sammeln Sie alle wichtigen Unterlagen und listen Sie alle Posten auf:

→ eine Gegenüberstellung Ihrer ständigen Einnahmen und Ausgaben, also Gehalt, Honorare, Zinserträge einerseits, Zahlungen fürs Wohnen, Auto, Urlaub, Lebenshaltung andererseits.
→ eine Übersicht über Ihre Vermögenswerte (Sparbücher, Bankguthaben, Wertpapiere, Rückkaufswerte von Lebensversicherungen) und Ihre Verbindlichkeiten (Hypotheken oder Verbraucherkredite).
→ Ihren letzten Steuerbescheid, denn für Ihre Kapitalerträge interessiert sich auch das Finanzamt.

Ziele definieren

→ Wie steht es um Ihre bisherige Altersvorsorge?

→ Welche Lücken müssen Sie schließen?
→ Worauf müßten Sie verzichten, falls alle Stricke reißen?
→ Haben Sie einen Lebenstraum, den Sie unbedingt verwirklichen wollen?
→ Wie soll sich Ihr Leben in den nächsten Jahren entwickeln?
→ Welche größeren Ausgaben oder Anschaffungen sind heute bereits absehbar (Studium der Kinder, eigenes Haus)?

Bestimmen Sie Ihr eigenes Anlageprofil

→ Mit welchen Geldanlagen haben Sie bereits Erfahrungen gesammelt?
→ Welches Risiko sind Sie bereit einzugehen?
→ Was bedeutet „Risiko" für Sie persönlich? Totalverlust, Kursrückgang, unterdurchschnittliche Wertentwicklung? Oder auch die Chance, daß es besser läuft als erwartet?
→ Möchten Sie jederzeit über Ihr Guthaben verfügen können oder ist Ihnen eine gewisse Bindungsfrist lieber?
→ Wollen Sie Ihren Vermögensaufbau selbst managen oder besser verwalten lassen?
→ Welche Voraussetzungen müssen gegeben sein, damit Sie sich einem Fachmann oder einer Fachfrau anvertrauen?
→ Welchen Anteil sollen Immobilienanlagen bei Ihrer privaten Altersvorsorge haben?
→ Welche Art von Immobilienanlage ist für Sie geeignet?

Planen Sie Ihre private Rente

Nehmen wir an, die Analyse Ihrer individuellen Versorgungssituation hätte ergeben, daß Ihnen aus heutiger Sicht in 20 Jahren monatlich 500 Euro fehlen werden. Dann sollten Sie bald damit beginnen, Vermögenswerte aufzubauen, die Ihnen später einen nachhaltigen Ertrag in Höhe Ihrer Versorgungslücke einbringen. Nehmen wir ferner an, daß die Geldentwertung künftig in gleichem Maße voranschreitet wie bisher, so benötigen Sie in 20 Jahren nominal etwa den doppelten Betrag, also 1.000 Euro monatlich, um die Kaufkraft zu erhalten.

Jetzt können Sie das Kapital ermitteln, das Sie aufbauen müssen, um einen ständigen Ertrag in dieser Höhe zu erwirtschaften. Hierfür multiplizieren Sie Ihren monatlichen Fehlbetrag mit 200.

Im obigen Beispiel ist dies ein aufzubauendes Guthaben von 200.000 Euro.

Nun stellt sich die Frage, welchen Betrag Sie heute einmalig anlegen beziehungsweise welche Raten Sie monatlich sparen können und welche Rendite Sie langfristig von den verschiedenen Anlagemöglichkeiten erwarten. Es liegt auf der Hand, daß diese Beträge umso geringer ausfallen, je mehr Zeit Sie noch zur Verfügung haben. Weil beim privaten Vermögensaufbau sämtliche Erträge wieder angelegt werden, profitieren Sie erheblich vom Zinseszinseffekt, der umso stärker wirkt, je höher die Rendite Ihrer Geldanlagen ist.

Machen Sie sich bewußt, daß bei Sparplänen über lange Zeiträume die Schwankungen in der Wertentwicklung nur eine geringe Rolle spielen.

 **b e i s p i e l**

Wie lange muß ich wieviel monatlich investieren, um einen Endbetrag von 100.000 Euro zu erhalten?

erwartete Netto-Rendite pro Jahr:		6 %	8 %	10 %	12 %
Sparplan über:	10 J.	610	550	500	450
	20 J.	220	175	140	110
	30 J.	110	70	50	35

Beispiel: Wenn ich eine Jahresrendite erwarte von 8 % im Durchschnitt, muß ich 20 Jahre lang 175 Euro monatlich einzahlen.

Legen Sie vielmehr Ihr Augenmerk auf die langfristige Rendite. Halten Sie sich vor Augen, daß ein Mehrertrag von 2 % pro Jahr im Endeffekt ein Drittel mehr an Rente bedeuten kann.

Welche Strategie ist für Sie die Wirkungsvollste?

Haben Sie sich bereits für eine Form der Immobilienanlage entschieden, die Ihrem Risiko-Ertrags-Profil enspricht? Dann sollten Sie prüfen, wie Sie Ihre Rendite verbessern können, damit Sie unter Berücksichtigung von Inflation und Steuern ein möglichst hohes Guthaben aufbauen.

Nutzen Sie staatliche Hilfen

→ Innerhalb gewisser Einkommensgrenzen stehen Ihnen beim Bausparen sowohl die Arbeitnehmer-Sparzulage als auch die Wohnungsbau-Prämie zu (siehe Seite 26).

→ Die Erträge der Offenen Immobilienfonds sind zu gut einem Drittel, die der Immobilienaktien zu etwa der Hälfte steuerfrei, wenn Sie Ihre Anteile mindestens ein Jahr halten.

→ Seit dem Jahr 2002 erhalten Sie staatliche Hilfen, wenn Sie sich für ein anerkanntes Vorsorgeinstrument nach der so genannten „Riester-Rente" entscheiden. Vorausgesetzt, Sie leisten Pflichtbeiträge zur gesetzlichen

Rentenversicherung und halten bis zu Ihrem 60. Lebensjahr durch. Zum Beginn der Auszahlphase wird Ihnen ein Guthaben garantiert, das mindestens der Beitragssumme entspricht. Die Palette der förderungsfähigen Produkte umfaßt teilweise auch die Offenen Immobilienfonds.

→ Für Zinseinnahmen und Dividenden gilt Ihr Sparer-Freibetrag. Bis zu 1.601 Euro jährlich pro Person entfällt die Einkommensteuer.

→ Bei Mieteinnahmen gibt es zwar keinen Freibetrag aber Sie können den laufenden Wertverlust Ihrer Immobilie – die Abschreibungen – und die Finanzierungszinsen dagegenrechnen. Dadurch bleibt ein Teil Ihrer Mieteinnahmen steuerfrei.

→ Wenn Sie eine vermietete Immobilie nach Ablauf von 10 Jahren verkaufen, brauchen Sie den Gewinn nicht zu versteuern.

Reduzieren Sie Ihre Steuerbelastung

Wenn Sie Anteile an Offenen Immobilienfonds und an Immobilien-Aktienfonds auf Ihre Kinder übertragen, können diese eigene Freibeträge nutzen. Erzielen Ihre Kinder noch keine eigenen Einkünfte, bleiben Kapitalerträge bis zu mindestens 7.205 Euro jährlich pro Kind steuerfrei (so genanntes „steuerliches Existenzminimum").

Steuerliche Verluste beim Kauf einer Immobilie oder aus der Anfangsphase einer Beteiligung an einem Geschlossenen Immobilienfonds können Sie mit steuerpflichtigen Einnahmen in anderen Einkunftsarten verrechnen (etwa Gehalt, Honorare oder Gewinne). Dies setzt allerdings voraus, daß bei Ihrer Immobilienanlage nicht die Erzielung steuerlicher Vorteile im Vordergrund steht (vgl. § 2b Einkommensteuergesetz).

Steuerpflichtige Erträge, die Sie auf absehbare Zeit nicht benötigen, können Sie durch eine entsprechend aufgebaute Finanzierung in die Zeit verlagern, in der Sie voraussichtlich einen niedrigeren Steuersatz haben werden als heute, zum Beispiel nach dem Wechsel von einem Ganztagsjob auf eine Teilzeitstelle oder nach dem Abschied vom Berufsleben.

Wählen Sie bei einer Finanzierung nicht die laufende Tilgung, sondern lösen Sie Ihr Darlehen am Ende der Laufzeit in einer Summe ab. Bei gleichem Monatsaufwand haben Sie dadurch konstante Schuldzinsen, die Sie mit Ihren Einnahmen steuerlich verrechnen können (siehe Seite 58).

Indem Sie in Fonds mit ausländischen Immobilien investieren, können Sie von den Vorteilen eines Doppelbesteuerungsabkommens profitieren und erhalten größtenteils steuerfreie Ausschüttungen (siehe Seite 96).

Seit einigen Jahren werden sogenannte AS-Fonds (AS steht für Altersvorsorge-Sondervermögen) angeboten, die von den Bundesaufsichtsämtern mit besonderen Auflagen versehen wurden.

 b e i s p i e l

Wie lange muß eine Einmalanlage arbeiten, um am Ende 100.000 Euro zu erbringen?

erwartete Netto-Rendite pro Jahr:		6 %	8 %	10 %	12 %
Einmaleinlage über:	10 J.	56.000	46.000	39.000	32.000
	20 J.	32.000	22.000	15.000	10.500
	30 J.	17.500	10.000	5.700	3.400

Beispiel: Wenn ich eine Jahresrendite erwarte von 8 % im Durchschnitt und 20 Jahre Zeit habe, muß ich heute 22.000 Euro anlegen.

Diese Investmentfonds enthalten neben Anleihen und Aktien auch Immobilien bis zu einem maximalen Anteil von 30 %. Nach drei Vierteln der Vertragslaufzeit können Sie Ihr Guthaben kostenfrei in Offene Immobilienfonds umschichten. Auch hier geht die Mindestlaufzeit bis zu Ihrem 60. Lebensjahr. AS-Sparpläne sind dann für Sie geeignet, wenn Sie sich nicht selbst um die Zusammensetzung Ihres Fondsportfolios kümmern wollen.

Es ist möglich, daß Sie die Beiträge für AS-Fonds später einmal als Vorsorgeaufwendungen in Ihrer Steuererklärung geltend machen können, was gegenwärtig noch nicht der Fall ist. Achten Sie auf die künftige Entwicklung!

Verwandeln Sie Fremdmittel in eigene Immobilienwerte

Guthaben in Investmentfonds sowie Immobilienbesitz können Sie in gewissem Rahmen als Sicherheit für die teilweise Finanzierung Ihrer Anlage einsetzen. Wenn Sie langfristig feste Zinsen erhalten, bleibt Ihre Belastung nominal gleich. Sie verringert sich jedoch real durch die Inflation, denn in zehn Jahren beträgt sie nur noch etwa drei Viertel der heutigen Kaufkraft. Gleichzeitig hat sich jedoch der Wert Ihrer Immobilie um ca. ein Drittel erhöht.

Immer dann, wenn Sie bei Ihrer Immobilienanlage einen nachhaltig höheren Ertrag erwarten, als Sie für ein Darlehen an Zinsen bezahlen müssen, sollten Sie eine anteilmäßige Finanzierung erwägen. Schonen Sie eventuell vorhandene zusätzliche Eigenmittel und verfahren Sie bei Ihrer privaten Investition ebenso wie die meisten Unternehmer, die in ihrem Betrieb bis zu einem gewissen Grad fremdes Geld für sich arbeiten lassen.

Kombinieren Sie Investments nach Ihren persönlichen Kriterien

Umfragen von Investmentgesellschaften zum Thema Private Altersvorsorge haben ergeben, daß vor allem drei Bedürfnisse abgedeckt werden sollen:

→ ein verläßlicher und dabei flexibler Sparvorgang, mit dem der größte Teil der eigenen Rentenlücke geschlossen werden kann,
→ ein besonders ertragreiches Produkt, mit dem das angestrebte Sparziel eventuell schneller erreicht werden kann,
→ eine Konstruktion, mit welcher der Anleger optimal von staatlichen Fördergeldern profitiert.

Bezogen auf Immobilienanlagen könnten diese Wünsche mit Offenen Immobilienfonds, Fonds für Immobilienaktien und einer Beteiligung an einem Geschlossenen Immobilienfonds erfüllt werden. Je nach aktueller Lebenssituation, persönlichem Risikoprofil und finanziellen Möglichkeiten können Sie sich daraus Ihre individuelle Mischung zusammenstellen.

Dabei schichten Sie am besten mit zunehmendem Alter Ihre Immobilieninvestments von risikoreicheren in konservativere Anlagen um.

Treffen Sie eine Entscheidung und lernen Sie aus Ihren Fehlern

Sämtliche wertvollen Erkenntnisse über die Immobilienanlage nützen Ihnen wenig, wenn Sie nicht tatsächlich damit beginnen, diese in die Praxis umzusetzen. Dabei werden Ihnen immer auch Fehler unterlaufen. Doch wenn Sie mit der konkreten Investition warten wollen, bis alle Eventualitäten geklärt sind, können Sie niemals Vermögenswerte mit Immobilien aufbauen. Und das wäre dann der größte Fehler, den Sie in diesem Zusammenhang begehen könnten.

Bei jeder Tätigkeit, die Sie heute gut beherrschen, haben Sie in der Anfangsphase Fehler gemacht. Denken Sie nur daran, wie Sie das Laufen, Fahrrad- oder Autofahren gelernt haben. Wie oft sind Sie dabei „abgestürzt" und haben sich doch immer wieder aufgerappelt.

Damit das Lehrgeld bei Ihrer Immobilienanlage nicht zu teuer wird, sollten Sie zunächst mit überschaubaren Beträgen beginnen. So sammeln Sie wertvolle Erfahrungen, bevor Sie sich an größere Investitionen heranwagen. Der aus der eigenen Praxis gewonnene Erfahrungsschatz stellt Ihr „geistiges Kapital" dar, das Sie beim Aufbau Ihres Immobilienvermögens immer wirkungsvoller unterstützt.

Ein gewisses Lehrgeld ist unvermeidbar - doch aus seinen Fehlern kann man am meisten lernen.

Ich bin froh, daß ich nun ungefähr weiß, wie viel mir zu Rentenbeginn monatlich fehlen wird. Zum Glück habe ich vor einigen Jahren angefangen, privat vorzusorgen. Eigentlich war ich schon dabei, meine bisherigen Anlagen aufzustocken. Doch mit Immobilieninvestments habe ich jetzt den idealen Baustein als Ergänzung gefunden. Damit kann ich ziemlich sicher meine restliche Rentenlücke schließen.

VERGLEICH MIT ANDEREN ANLAGEFORMEN

Kapitalbildende Lebensversicherungen

Ob Säugling oder Greis, statistisch gesehen hat jeder Deutsche eine Lebensversicherung. Sie auch? Dann schauen Sie Ihre Police einmal genauer an. Hand aufs Herz: Haben Sie sich jemals die Rendite dieser Anlage ausgerechnet? Wahrscheinlich erinnern Sie sich nur noch an drei Dinge:

→ Es gibt eine garantierte Mindestverzinsung.
→ Nach Ablauf von zwölf Jahren sind die Überschüsse steuerfrei.
→ Falls Sie sterben, erhalten die Hinterbliebenen einen festen Geldbetrag.

Die kapitalbildende Lebensversicherung ist die einzige Anlage, die Ihnen langfristig den Erhalt Ihres Kapitals garantiert und darüber hinaus einen Mindestertrag.

Dies allerdings nur dann, wenn Sie die Zahlungen bis zum Ende durchhalten. Das sind in der Regel 20 bis 30 Jahre. Doch jährlich werden Lebensversicherungen im Gesamtwert von 7,5 Mrd. Euro gekündigt. Woran liegt das? Offensichtlich sind viele Versicherte unzufrieden mit dieser Art des langfristigen Sparens. Einer Allensbach-Marktstudie vom Oktober 2001 zufolge wurden als Gründe für den vorzeitigen Ausstieg genannt:

→ Der Ertrag ist zu gering, das Geld soll besser angelegt werden.
→ Es ist ein Kredit abzulösen.
→ Es muß eine private Notlage bewältigt werden.
→ Arbeitslosigkeit ist eingetreten.

„Moment mal", sagen Sie jetzt vielleicht, „Mir wird immerhin eine Ablaufrendite zwischen 5,5 und 6,5 % pro Jahr" versprochen." Dann hätten Sie in der Tat eine gute Gesellschaft erwischt. Doch wie verläuft die Wertentwicklung Ihres Vertrages wirklich? Zunächst beginnen Sie mit einem kräftigen Minus. Erst ab dem zweiten Jahr haben Sie einen positiven Rückkaufswert. In der Mitte der Laufzeit beträgt die Verzinsung Ihrer eingezahlten Beiträge etwa 3 bis 4 % pro Jahr. Und erst in den allerletzten Jahren werden Ihnen Gewinnbeteiligungen gutgeschrieben, die Ihre Rendite nach oben hebeln.

Ein schlechtes Geschäft also? Zumindest für diejenigen, die ihre Police vorzeitig auflösen. Das gilt allerdings auch für Neuverträge, denn die Versicherer haben in der Vergangenheit nicht nur den Garantiezins von 4 auf 3,25 % pro Jahr gesenkt (ab 1.1.2004 sogar nur noch 2,75 %) sondern auch die Überschußbeteiligungen. Dadurch rechnet man künftig mit einem Sinken der Ablaufrendite von 0,5 bis 1 % pro Jahr. Und da die Rücklagen bei den meisten Gesellschaften stark geschrumpft sind, ist für die Zukunft kaum Besserung in Sicht.

Das „Versicherungssparen" ist im Gegensatz zu allen anderen Formen der privaten Altersvorsorge mit einem steuerlichen Privileg ausgestattet. Wenn Sie mindestens fünf Jahresbeiträge investieren und Ihr Vertrag mindestens zwölf Jahre läuft, wird Ihnen die Ablaufsumme ausbezahlt, ohne daß Sie die erwirtschafteten Überschüsse versteuern müssen. Zudem können Sie innerhalb gewisser Einkommensgrenzen die Beiträge als Vorsorgeaufwendungen in Ihrer Steuererklärung geltend machen. Dem steht allerdings die Tatsache gegenüber, daß Sie mit Aktienanlagen wie zum Beispiel den REIT-Fonds (siehe Seite 78 f.) und hochwertigen Direktinvestments in Immobilien langfristig eine höhere Nachsteuerrendite erzielen können.

Etwa einen halben Prozentpunkt mehr können Sie bei der Ablaufrendite erreichen, wenn Sie auf den Versicherungsschutz für den Todesfall verzichten und eine private Rentenversicherung abschließen.

t i p p !

Vermögensaufbau und Risikoschutz entkoppeln

Falls Sie Ihre Hinterbliebenen absichern müssen, trennen Sie am besten den Vermögensaufbau von der Risikovorsorge. So können Sie Ihren Schutz individuell gestalten und sich dafür den preisgünstigsten Anbieter heraussuchen. Wenn zum Beispiel Ihre Kinder in zehn Jahren selbst verdienen oder Ihre Immobilienfinanzierung in 15 Jahren ausläuft, brauchen Sie keinen Todesfallschutz über 30 Jahre.

Bei der Kapitallebensversicherung hingegen koppeln Sie einen Sparvorgang mit einem Versicherungsschutz. Die Prämie dafür geht von Ihren Einzahlungen ab, so daß entsprechend weniger in den reinen Spartopf fließen kann.

Nun ist man bekanntlich im Nachhinein immer schlauer. Machen Sie sich als Besitzer eines derartigen Vertrages bewußt, daß Sie zum Zeitpunkt des Abschlusses keine bessere Möglichkeit kannten. Betrachten Sie Ihre Police als grundkonservative Anlage, die gegenüber der allgemeinen Geldentwertung einen geringen Mehrertrag erbringt. Niemand zwingt Sie dazu, das Gleiche noch einmal zu machen! Heute wissen Sie es besser und entscheiden sich für eine der zahlreichen Alternativen.

Sparpläne von Banken und Bausparkassen

Jeder zweite Deutsche spart sowohl bei einer Bank als auch bei einer Bausparkasse. Auch diese Institute garantieren eine Mindestverzinsung, meist über einen Zeitraum von bis zu sieben Jahren. Diese liegt je nach Vertrag zwischen 3 % und 5 % pro Jahr. Machmal steigt der Zins auch jährlich an, so daß Sie hier ebenfalls für das Durchhalten belohnt werden.

Bei Sparplänen von Banken oder Sparkassen ist die Verfügung über Ihr Guthaben stark eingeschränkt. Beim Bausparen kommen Sie zwischendurch leichter an Ihr Geld, allerdings verlieren Sie dann die Abschlußgebühr sowie die staatlichen Prämien. Und zwar nicht nur die bereits gewährten sondern auch alle künftig zu erwartenden. Außerdem erlischt Ihr Anspruch auf Zuteilung eines zinsgünstigen Baudarlehens. Sieht Ihr Sparvertrag die Zahlung eines Schlußbonusses vor, ist dieser ebenfalls verloren.

Da ein vorzeitiger Ausstieg also mit erheblichen Nachteilen bei der Rendite verbunden ist, sollte dieser Weg nur in absoluten Notfällen beschritten werden. Aber auch bei ordnungsgemäßem Verlauf sind diese Sparformen kaum zum langfristigen Vermögensaufbau geeignet. Zur generell niedrigen Rendite kommt noch der Umstand, daß Sie Ihre Zinserträge versteuern müssen, falls Sie den Sparerfreibetrag überschreiten.

Betrachten Sie deshalb solche Anlagen als sichere Möglichkeit, mittelfristig Reserven zu bilden. Für Ihre private Altersvorsorge sollten Sie lukrativere Investments wählen, zum Beispiel in Immobilienwerte.

Sparpläne von Investmentgesellschaften

Als eine Form des Fondssparens haben Sie bereits den Offenen Immobilienfonds kennen gelernt (siehe Seite 72 f.). Für die regelmäßige Anlage über lange Zeiträume kommen auch Fonds mit festverzinslichen Wertpapieren (so genannte Rentenfonds) und vor allem Aktienfonds in Betracht.

Sie können auch beide Formen mischen und haben so die Aussicht, unter relativ geringen Schwankungen eine ordentliche Rendite zu erzielen.
Der Vorteil der regelmäßigen Anlage gleich hoher Beträge kommt vor allem bei Sparplänen in hochwertige Aktienfonds zum Tragen. Obwohl diese Fonds stärker schwanken, können Sie mit diesem Vorgehen einen höheren Wertzuwachs erzielen als bei einer gleichmäßigeren Wertentwicklung. Denn bei niedrigeren Kursen kaufen Sie automatisch für den gleichen Betrag mehr Anteile.

Auschlaggebend ist, daß Ihr Fonds im Endeffekt eine gute Wertentwicklung aufweist. Dabei ist der Vergleichsmaßstab wichtig, den Sie anlegen. Es stimmt zwar, daß Aktienfonds über zehn Jahre und län-

ger bisher stets allen anderen flexiblen Anlageformen überlegen waren. Doch wußten Sie, daß nur wenige dieser Fonds besser sind als der Durchschnitt ihres jeweiligen Marktes? So konnte in den vergangenen 20 Jahren gerade einmal ein Fünftel aller deutschen Aktienfonds den DAX übertreffen. Verantwortlich dafür ist vor allem die Neigung vieler Fondsmanager, ihre Aktienbestände häufig umzuschichten. Die meisten wollen beim ständigen Auf und Ab an der Börse teuer verkaufen und billig wieder einsteigen. Doch waren sie oft gerade nicht engagiert, wenn die Kurse von einem Tag auf den anderen stark anzogen. Damit begingen viele Profis den gleichen Fehler wie die meisten Privatanleger (siehe Seite 18).

Wenn Sie dagegen regelmäßig investieren, entgehen Sie dem gefürchteten Problem des richtigen Timing: möglichst immer den einen absolut günstigsten Einstiegszeitpunkt erwischen zu wollen, obwohl doch kein Mensch auf der Welt diesen zuverlässig vorhersagen kann.

Ein ernstes Problem haben Sie, wenn Ihr Aktienfonds zum Ende der Ansparzeit massiv sinkt. Sie können also nicht mit einem festen Guthaben zu einem bestimmten Zeitpunkt rechnen. Investieren Sie deshalb immer nur einen Teil Ihres zur Verfügung stehenden Einkommens in Aktienfonds, als Ergänzung zu sicheren Basisanlagen in Immobilienwerte.

b e i s p i e l

Auswirkung der Inflation auf Sachwerte und Geldwerte

Stellen Sie sich vor, Sie und Ihre Schwester hätten vor 25 Jahren jeweils 100.000 Euro geerbt. Sie selbst hätten das Geld in eine Immobilie investiert, Ihre Schwester dagegen hätte es auf dem Sparbuch gelassen. Was wäre bis heute mit der Kaufkraft beider Anlagen geschehen und welcher Ertrag wäre jeweils erzielt worden?

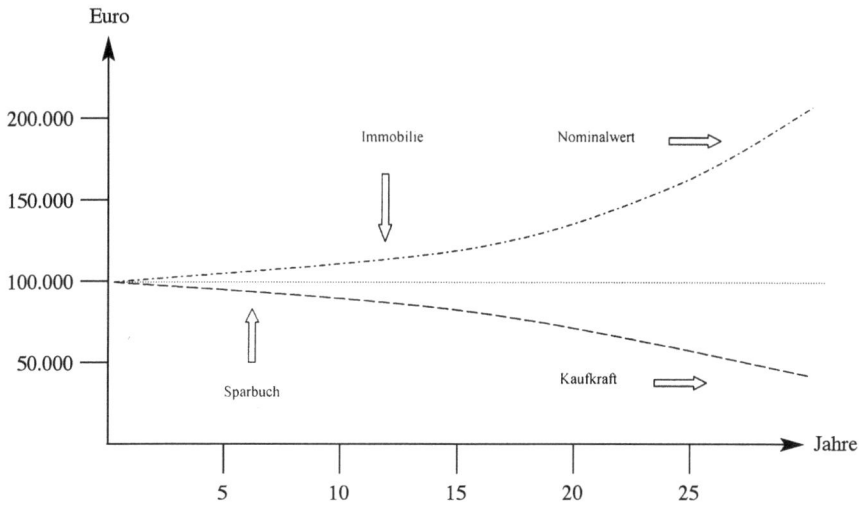

Kaufkraft nach 25 Jahren:

Beim Sparbuch bleibt der Betrag nominal gleich, aber die Kaufkraft halbiert sich. Bei der Immobilie bleibt die „Kaufkraft" erhalten, wobei sich der Nominalwert verdoppelt.

Ertrag nach 25 Jahren:

Beim Sparbuch kommt zum Nominalwert von		100.000	
die Summe der Zinsen + Zinseszinsen	ca.	50.000	hinzu.
Insgesamt wären es also	ca.	150.000	
Bei der Immobilie kommt zum Nominalwert von	ca.	200.000	
die Summe der Mieteinnahmen	ca.	100.000	hinzu.
Insgesamt wären es also	ca.	300.000	

Auf meinem Konto hat sich
über die Jahre ein statt-
licher Betrag angesammelt.
Und auch künftig werde ich
monatlich etwas übrig haben.
Das will ich jetzt in Immobilien stecken, die richtig
was bringen. Wenn ich einmal
aufhöre zu arbeiten, sollen
daraus hohe Einnahmen fließen,
Monat für Monat. Ich habe
noch viel vor und bin fest
entschlossen, steinalt
zu werden.

WELCHE EINNAHMEN KÖNNEN SIE IM RUHESTAND ERWARTEN ?

Ihre Rentenlücke aus heutiger Sicht

Träumen Sie auch davon, im Alter mindestens so hohe Einnahmen zu haben wie heute? Dann prüfen Sie, wie viel Geld Ihnen am Rentenbeginn voraussichtlich im Monat zur Verfügung stehen wird. Dabei macht eine Berechnung auf die letzte Kommastelle wenig Sinn, weil bis dahin noch allerlei passieren kann: Weitere Einschnitte im gesetzlichen Rentenniveau, ein Anziehen der Inflationsrate, steuerliche Änderungen usw. Immerhin läßt sich aber in etwa die Bandbreite dessen bestimmen, was Sie an Einnahmen erwarten dürfen. Entscheidend für Ihr künftiges Rentenniveau ist die Anzahl Ihrer Beitragsjahre. Wie viele Jahre Sie bisher eingezahlt haben, erfahren Sie von Ihrem Rententräger (BfA, LVA). Addieren Sie die Jahre hinzu, die Sie voraussichtlich noch im Angestelltenverhältnis arbeiten werden.

Sie erhalten so den Prozentsatz, den Ihre gesetzliche Rente ausmachen wird (siehe Kasten auf Seite 118). Damit können Sie in Euro ausdrücken, wieviel Ihnen heute bereits fehlt. Diesen Betrag lassen Sie nun mit der Inflationsrate der vergangenen Jahrzehnte ansteigen. Und zwar so viele Jahre lang, bis Sie voraussichtlich in Rente gehen (siehe Kasten auf Seite 61).

Haben Sie Geldanlagen oder Sparprogramme für Ihren Ruhestand? Dann rechnen Sie sich die jährliche Rendite aus, die Sie damit bisher erzielen konnten. Von dieser nehmen Sie zur Sicherheit einen Abschlag in Höhe eines Drittels vor. Mit diesem Satz lassen Sie Ihre Anlagen weiter anwachsen und ermitteln so das Guthaben, das Ihnen am Beginn Ihres Ruhestandes voraussichtlich zur Verfügung stehen wird (siehe Renditerechner auf Seite 61). Besitzen Sie eine Kapitallebensversicherung, fordern Sie von Ihrer Gesellschaft eine aktuelle Prognose über die Ablaufleistung an. Mindern Sie diese vorsichtshalber um ein Fünftel.

Addieren Sie nun alle so ermittelten zukünftigen Guthaben. Die Summe teilen Sie durch 200. Dies ist in etwa der Ertrag, den Sie im Monat entnehmen können, ohne Ihr Kapital anzugreifen. Je besser Sie privat vorgesorgt haben, desto größer ist dieser Wert, mit dem Sie einen Teil Ihrer Rentenlücke schließen können.

Bedenken Sie, daß Sie auch im Rentenalter Beiträge zur Kranken- und Pflegeversicherung entrichten müssen. Also stellen Sie sich lieber darauf ein, daß Ihre Rentenlücke in Zukunft eher höher ausfällt als befürchtet.

Ihre Einnahmen nach Ablauf der Finanzierung

Sie haben eine Immobilie zur Vermietung erworben oder sich an einem geschlossenen Immobilienfonds beteiligt und dafür einen Kredit aufgenommen? Sind Sie bis zum Beginn Ihres Ruhestandes mit der Finanzierung komplett durch, stehen ab dann die Erträge zu Ihrer Verfügung.

Wenn Sie eine Wohnimmobilie vermieten, können Sie deren Anfangsmiete mit der offiziellen Inflationsrate hochrechnen. (siehe Renditerechner auf Seite 61). Den errechneten Betrag mindern Sie nun um Ihre voraussichtlichen Bewirtschaftungskosten sowie um die eventuell noch bestehende Abschreibung. Den Rest müssen Sie versteuern. Setzen Sie ruhig Ihren heutigen Grenzsteuersatz an, auch wenn dieser im Rentenalter vielleicht niedriger ausfällt. Die Steuern ziehen Sie dann von Ihren Mieteinnahmen (minus der Bewirtschaftungskosten) ab. Jetzt wissen Sie, was Ihre Immobilie voraussichtlich beim Rentenbeginn erbringt.

Bei Geschlossenen Immobilienfonds sieht die Sache besser aus. Meist sind im Verkaufsprospekt die Ausschüttungen auf 20 Jahre prognostiziert worden.

Mindern Sie die Ausschüttung des letzten angegebenen Jahres zur Sicherheit um ein Drittel. Verbleiben Ihnen bis zum Rentenbeginn noch einige Jahre (die nicht mehr in der Prognose erfaßt sind), rechnen Sie die verminderte Ausschüttung mit der langfristigen Inflationsrate hoch.

Damit haben Sie einen realitätsnahen Prozentsatz für das erste Jahr Ihres Rentnerdaseins bestimmt. Diesen Satz wenden Sie jetzt auf Ihren Beteiligungsbetrag an und kommen so auf die jährliche Summe, die voraussichtlich an Sie ausgeschüttet werden wird. Diese reduzieren Sie um Ihren persönlichen Steuersatz als Pensionär, und Sie wissen nun, mit welchen Nettoeinnahmen Sie in etwa rechnen können.

Wenn Sie Ihre Beteiligung langfristig behalten, kommt nach 25 bis 30 Jahren ein ganz besonderes Bonbon auf Sie zu. Vergegenwärtigen Sie sich, daß Sie zunächst nur am Eigenkapital Ihres Fonds beteiligt sind. Ebenso wie Sie wahrscheinlich Ihren Anteil finanziert haben, hat auch der Fonds selbst einen Kredit aufgenommen. Dadurch konnte ein wesentlich größeres Immobilienvermögen angeschafft werden, als dies mit dem Eigenkapital der Gesellschafter allein möglich gewesen wäre.

Das bedeutet, daß bisher ein Teil der gesamten Mieteinnahmen des Fonds für Zins und Tilgung seines Fremdkapitals verwendet wurde und die Gesellschafter nur den Rest ausgeschüttet bekamen.

beispiel
Ihre Versorgungslücke im Jahre 2030 ?!

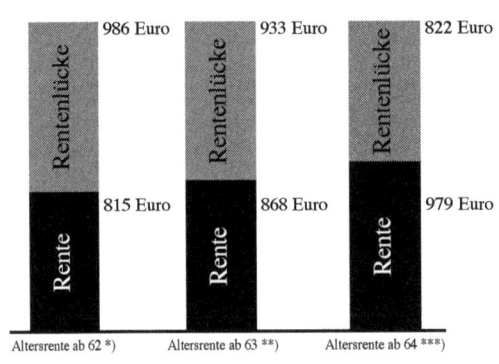

	986 Euro		933 Euro		822 Euro
Rentenlücke		Rentenlücke		Rentenlücke	
Rente	815 Euro	Rente	868 Euro	Rente	979 Euro
Altersrente ab 62 *)		Altersrente ab 63 **)		Altersrente ab 64 ***)	

*) Rente mit 62 nach 42 - 45 Versicherungsjahren f. Versicherte geb. nach Oktober 1949
**) Rente mit 63 nach 43 - 48 Versicherungsjahren
***) Rente mit 65 nach 43 - 48 Versicherungsjahren

Anmerkung:
Riesters „Idealrentner" erhält nach 45 Jahren Beitragszahlung in die gesetzliche Rentenkasse im Jahre 2030 rund 64 % seines letzten Nettogehalts – rechnet man mit der Rentenformel von 2002. Doch wenn Sie weniger Beitragsjahre vorweisen können, wird es um einiges geringer!

b e i s p i e l

Prognoserechnung für den Verlauf einer Beteiligung

Anfangsausschüttung laut Prospekt pro Jahr		6 %
Prognostizierte Ausschüttung im 20. Jahr Ihrer Beteiligung		12 %
Wahrscheinlicher Ertrag pro Jahr (Sicherheitsabschlag 1/3)	ca.	8 %
Vollständige interne Entschuldung (laut Prostpekt) nach	ca.	27 J.
Wahrscheinlicher Ertrag nach 27 Jahren pro Jahr (8 % Ertrag x 3,2 % Inflation pro Jahr, auf 7 Jahre)	ca.	10 %
Interne Finanzierung Ihres Fonds (entfällt nach 27 J.)	ca.	50 %
Also stehen nach der vollständigen Entschuldung ab dem 28. Jahr für Ausschüttungen jährlich Ihres Beteiligungsbetrages zur Verfügung.	ca.	20 %

Hat die Fondsgesellschaft endlich Ihre eigenen Fremdmittel getilgt, stehen den Gesellschaftern danach wesentlich höhere Ausschüttungen ins Haus. Das genaue Verhältnis ersehen Sie aus dem Investitionsplan im Verkaufsprospekt.

So halten Sie Ihre Entnahmen konstant

Da die Wertentwicklung eines Offenen Immobilienfonds gleichmäßig verläuft, können Sie relativ genau bestimmen, wie hoch Ihr Guthaben zu Beginn Ihrer Rente ausfallen wird. Legen Sie für Ihre Entnahmen den langfristigen Ertrag zugrunde, mit dem sich Ihr Fonds bisher aufgebaut hat. Diesen Prozentsatz beziehen Sie nun auf Ihr voraussichtliches Endguthaben und kommen so auf einen Betrag, den Sie jährlich entnehmen können, ohne Ihr Kapital anzugreifen.

Richten Sie einfach einen so genannten Entnahmeplan bei Ihrer Fondsgesellschaft ein, in dem Sie Betrag und Rhythmus der Auszahlungen bestimmen. Beides können Sie jederzeit wieder ändern. Falls Sie einmal größere Beträge brauchen, überlegen Sie, ob Sie diese später wieder in den Fonds zurück geben wollen. Ihre Absicht sollten Sie der Fondsgesellschaft vor der Sonderentnahme (der so genannten Teilliquidation) anzeigen.

Dann haben Sie innerhalb einer gewissen Frist meist das Recht, den gleichen Betrag wieder einzuzahlen, ohne erneut den Ausgabeaufschlag entrichten zu müssen. Versäumen Sie dies, mindern Sie Ihr Guthaben und müssen Ihren Entnahmeplan entsprechend reduzieren, da sich sonst Ihr Kapital langsam aufbraucht.

Beachten Sie auch, daß das Finanzamt seinen Teil abhaben will, falls der steuerpflichtige Anteil Ihrer Kapitalerträge den Sparerfreibetrag überschreitet. Wie hoch dieser künftig ausfallen wird, steht allerdings heute noch nicht fest.

Haben Sie langfristig in Immobilienaktien investiert, sollten Sie mindestens fünf Jahre vor Ihrem Eintritt in den Ruhestand deren Wertentwicklung aufmerksam beobachten. Sichern Sie sich rechtzeitig ein hohes Kursniveau, indem Sie komplett in einen Offenen Immobilienfonds umschichten. Bis zum Beginn Ihrer Rente konnten Sie so wahrscheinlich ein wesentlich größeres Guthaben aufbauen als wenn Sie von Anfang an in einen Offenen Immobilienfonds investiert hätten. Entsprechend mehr kann Ihnen später für Ihren Auszahlplan zur Verfügung stehen.

Haben Sie den Zeitpunkt für den optimalen Wechsel verpaßt, können Sie beim Rentenbeginn trotzdem erst einmal mit Ihren Entnahmen starten. Denn Sie brauchen ja nicht das gesamte Kapital auf einmal. Dadurch erhalten Sie sich die Chance, von einem erneut bevorstehenden Kursaufschwung zu profitieren. Bleibt dieser aus, sollten Sie jedoch auf jeden Fall nach maximal ein bis zwei Jahren in einen Offenen Immobilienfonds wechseln. Denn ein Aktienportfolio ist für regelmäßige Entnahmen nicht geeignet. Aufgrund der stärkeren Schwankungen wirkt nun der Cost-Average-Effekt (siehe Seite 77) gegen Sie, weil Sie bei sinkenden Kursen für den gleichen Betrag immer mehr Anteile entnehmen müssen. Dadurch stehen Ihnen später, wenn die Kurse wieder anziehen, zu wenig Anteile zur Verfügung. Sie laufen also Gefahr, Ihre Kapitalbasis aufzuzehren.

Immobilien-Investments eignen sich deshalb besonders gut für Ihren Vermögensaufbau, weil Sie damit beständige Werte schaffen. Häuser und Grundstücke, die regelmäßig gepflegt werden, leben nahezu ewig. Und wenn immer gut vermietet werden kann, gewähren sie dauerhafte Einnahmen. Im Vergleich zur staatlichen Rente können Sie auf Ihre „Immobilienrente" selbst Einfluß nehmen, diese erhalten und weiter vermehren. Unter normalen Umständen kann Ihnen dieser Teil der Altersversorgung auch nicht mehr genommen werden.

Dies gilt gleichermaßen für Ihre Nachkommen, denen Sie Ihre Immobilien und die daraus fließenden Mieteinnahmen vererben werden. Indem Sie heute die richtige Entscheidung treffen, legen Sie den Grundstein für das Immobilienvermögen Ihrer Kinder und Kindeskinder.

SERVICE

Adressen, die weiterhelfen

→ Branchendienst markt-intern
Grafenberger Allee 30
40237 Düsseldorf
Freecall: 0800 / 789 0 987
Tel: 0211 / 6698 – 203
Fax: 0211 / 6698 – 179
E-Mail: immo@markt-intern.de
Internet: www.markt-intern.de

→ Branchenmagazin CASH
- Redaktion -
Brabandstraße 1
22297 Hamburg
Tel: 040 / 51 44 402
Fax: 040 / 51 44 120
E-Mail: info@cash-online.de
Internet: www.cash-online.de

→ Bundesaufsichtsamt für das Versicherungswesen
– Zertifizierungsstelle –
(mit aktueller Liste der zertifizierten Produkte)
Postfach 1640
53006 Bonn
Internet: www.altzertg.bund.de

→ Bundesverband der Verbraucherzentralen
(mit Links zu sämtlichen Landesverbänden)
Markgrafenstraße 66
10969 Berlin
Tel: 030 / 25800-0
Fax: 030 / 25800-518
E-Mail: info@vzbv.de
Internet: www.vzbv.de
www.verbraucherzentrale.de

→ Bundesverband Deutscher Investment- und Vermögensverwaltungs-Gesellschaften (BVI)
Eschenheimer Anlage 28
60318 Frankfurt
Tel: 069 / 15 40 900
Fax: 069 / 59 71 406
E-Mail: info@bvi.de
Internet: www.bvi.de

→ CHECK-Unternehmensanalysen
Stephan Appel
Achter Billing 14
20399 Hamburg
Tel: 040 / 40 97 25
Fax: 040 / 40 98 66
E-Mail: check-appel@t-online.de
Internet: www.check-analyse.de

→ Datenbank der US-Fondsratinggesellschaft Morningstar (englisch)
Internet: www.morningstar.com

→ Datenbank der US-Fondsratinggesellschaft Standard&Poor's
Internet: www.standardandpoors.com

→ Deutsches Finanzdienstleistungs-Informationszentrum (DFI Gerlach-Report)
Stuttgarter Straße 25
60329 Frankfurt
Tel: 069 / 24 26 39 40
Fax: 069 / 24 26 39 60
E-Mail: info@dfi.de
Internet: www.dfi-report.de

→ Fachjournalist Stefan Loipfinger
Lerchenweg 31
83556 Griesstätt
Tel: 08039 / 9174
Fax: 08039 / 9176
E-Mail: Stefan.Loipfinger@t-online.de
Internet: www.n-tv.de/suche

→ FINANZTEST Monatsmagazin
Redaktion
Lützowplatz 11-13
10785 Berlin
Tel: 030 / 2631 - 0
Fax: 030 / 2631 – 2727
E-Mail: email@stiftung-warentest.de
Internet: www.stiftung-warentest.de

→ GUB
(Älteste deutsche Rating-Agentur
für Geschlossene Fonds)
Brabandstraße 1
22297 Hamburg
Tel: 040 / 514 44 – 06
Fax: 040 / 514 44 – 180
Internet: www.gub-analyse.de

→ „Der Immobilienbrief"
(mit ausführlichem Glossar)
- Redaktion -
Am Hopfengarten 17
60489 Frankfurt / Main
Tel: 0700 / 33 72 74 33 „Der Brief"
Fax: 069 / 78 80 30 58
E-Mail: redaktion@der-immobilienbrief.de
Internet: www.der-immobilienbrief.de

→ Immobilienseminare
Ute Williams event management
Schwäbisch-Hall-Straße 42
28259 Bremen
Tel: 0421 / 51 484 74
Fax: 0421 / 51 484 75
E-Mail: info@em-williams.de
Internet: www.em-williams.de

→ Infos rund um die staatlich
geförderte Vorsorge
Internet: www.riester-online.de

→ Investment Agentur Bremen
(Ganzheitliche Finanzberatung)
Horst Nosofsky
Parkallee 117
28209 Bremen
Tel: 0421 / 347 56 40
Fax: 9421 / 349 98 27
E-Mail:
Nosofsky.Investment.Bremen.@t-online.de
Internet: www.iab-bremen.de

→ Langfrist-Charts von Aktien und Fonds
(teilweise mehrere Jahrzehnte)
Internet: www.bigcharts.com
         www.prophetfinance.com

→ Renditerechner
(und weitere praktische Werkzeuge)
Internet: www.metier2001.de

→ Verbraucherzentrale mit Schwerpunkt
Kapitalanlagen
Internet: www.vz-nrw.de

Bücher, die weiterhelfen

→ Barz, Rolf
Ein Haufen Steine
Kreative Wege zur Immobilienrente
Burkart

→ Barz, Rolf
Der Immobilien-Feinschmecker
Genußreicher Umgang mit Rendite-Objekten
Burkart

→ Bergk, Susanne / Strube, Hartmut
Erwerbermodelle
Verbraucherzentrale NRW

→ Beyer, Karl
Immobilie geerbt – und was dann ?
Huss-Medien

→ CM-ROM
111 Musterbriefe, Verträge, Formulare und
Checklisten für Bauherren, Haus- und
Wohnungskäufer
Compact

→ Degen, Sabine
Mieterwechsel effizient gestalten
Hammonia

→ Dembowski, Anke / Ehrlich, Bernard
Financial Planning
Metropolitan

→ Gaulke, Jürgen
Kursbuch Immobilien als Kapitalanlage
Richtig kaufen, finanzieren, vermieten
Fischer-TB

→ Hansen, Helge
Wie Sie einen wasserdichten Immobilien-
Kaufvertrag abschließen
interna-aktuell

→ Herz, Peter
Immobilien günstig kaufen
Walhalla

→ Hölting, Michael / Gaedtke, Ines
WISO Immobilienrecht
Probleme mit: Maklern, Bauträgern,
Architekten, Handwerkern
Ein Ratgeber der ZDF-Wirtschaftsredaktion
Ueberreuter

→ Kohlbecker, Günter
Aufgepaßt beim Immobilienkauf
Was sich hinter dem Wortschatz in Angeboten,
Baubeschreibungen und Kaufverträgen verbirgt
Blottner

→ Kuo, Xing-Hu
Hypobank: Ihr(e) Ruin(e) vollfinanziert!
Bankiers – Bauträger – Betrüger
Tykve

→ Müller-Michaelis, Matthias
Vermögensanlage in Immobilien
Falken

→ Ott, Rainer
Mit Immobilien mehr verdienen
Die Sachwertstrategie für das neue Jahrtausend
Bley und Schwarzmann

→ Petersen, Hauke
Marktorientierte Immobilienbewertung –
Grundlagen
Boorberg

→ Rieger, Hans Georg
Vermögensaufbau mit Immobilien
Walhalla

→ Schneider, Jürgen
Bekenntnisse eines Baulöwen
Ullstein-TB

→ Schultze-Melling, Jan
Handbuch Recht für Vermieter
Falken

→ Schweitzer, Antje / Simons, Heinz
Geschlossene Immobilienfonds als
steuersparende Kapitalanlage
Compact

→ Tyson, Eric
Kapitalanlage für Dummies
moderne industrie

→ Vogel, Heinz-Wilhelm
Financial Times Anlagepraxis Immobilien
Die besten Vermögensstrategien
Financial Times, München

→ Weizenhöfer, Günther / Burk, Peter
Das Gebrauchthaus
Blottner

→ Wüstefeld, Hermann
Risiko und Rendite von
Immobilieninvestments
Knapp

→ Zitelmann, Rainer
Reich werden mit Immobilien
wrs-Verlag

Register

IMRESSUM

Copyright 2003 Horst Nosofsky

E-Mail: Nosofsky.Investment.Bremen@t-online.de

Grafische Gestaltung und Umsetzung:

Inga-Britt Sievers, Hamburg • E-Mail: info@ingrafix.de

Fotos:

MEV Verlag

Verlag:

Books on Demand GmbH, Norderstedt

ISBN 3 - 8334 - 0067 - 6

Wichtiger Hinweis!
Die Beiträge in diesem Buch sind sorgfältig und nach
bestem Wissen recherchiert und entsprechen dem aktuellen Stand.
Etwaige Abweichungen z. B. bei Preisen, Gebühren, Wertentwicklungen,
Gesetzesänderungen, Adressen usw. gegenüber dem Zeitpunkt der Drucklegung
sind möglich. Weder Autor noch Verlag können für Nachteile oder Schäden eine
Haftung übernehmen, die eventuell aus dem Befolgen der im Buch gegebenen
praktischen Hinweise resultieren.